Hildegard Rudolph

W0396043

# SPANISCH ganz leicht HÖRKURS

## Begleitheft

Max Hueber Verlag

Das Werk und seine Teile sind urheberrechtlich geschützt.
Jede Verwertung in anderen als den gesetzlich zugelassenen
Fällen bedarf deshalb der vorherigen schriftlichen
Einwilligung des Verlags.

Hinweis zu § 52a UrhG: Weder das Werk noch seine Teile dürfen ohne
eine solche Einwilligung überspielt, gespeichert und in ein Netzwerk
eingespielt werden. Dies gilt auch für Intranets von Firmen und von Schulen
und sonstigen Bildungseinrichtungen.

4. 3. 2. | Die letzten Ziffern
2010 09 08 07 06 | bezeichnen Zahl und Jahr des Druckes.
Alle Drucke dieser Auflage können, da unverändert,
nebeneinander benutzt werden.
1. Auflage
© 2005 Max Hueber Verlag, 85737 Ismaning, Deutschland
Umschlaggestaltung: Parzhuber & Partner, München
Coverfoto Vordergrund: © Corbis RF, Coverfoto Hintergrund: © Goodshoot
Redaktion: Jürgen Frank, München
Satz und Layout: Thomas Schack, Ismaning
Druck und Bindung: kdg mediatech AG, A-6652 Elbigenalp 91
Printed in Austria
ISBN 3-19-024475-8

# Vorwort

*Buenos días* und herzlich willkommen bei unserem Hörkurs „Spanisch ganz leicht"! Sie haben eine gute Wahl getroffen: Ohne Buch können Sie mit diesem Hörkurs den Grundwortschatz und die Grundgrammatik des Spanischen in wichtigen Situationen des Alltags lernen. Er ist so konzipiert, dass Sie alle Lernschritte nur mit Hilfe der CDs machen. Trotzdem haben wir „für alle Fälle" und, falls Sie sich ausführlicher mit der in den einzelnen *Situaciones* (Lektionen) behandelten Grammatik beschäftigen wollen, ein Begleitheft beigefügt. Dieses bietet Ihnen die folgenden Hilfestellungen:

- Lerntipps und Hinweise zur Benutzung des Kurses
- Übersicht über die *Situaciones*
- Dialoge mit deutscher Übersetzung sowie Erklärungen zu Grammatik und Sprachgebrauch
- Alphabetischer Wortschatz Spanisch–Deutsch
- Grammatische Fachausdrücke
- Die wichtigsten Ausspracheregeln des Spanischen

Das Begleitheft stellt auch eine Art „Leitfaden" durch den Kurs dar. Er soll es Ihnen erleichtern, einen bestimmten Dialog oder eine bestimmte Übung schnell wiederzufinden. Deshalb finden Sie vor jeder *Situación* eine Übersicht über die Tracks, die Sie ansteuern können.

Und nun wünschen wir Ihnen viel Spaß und viel Erfolg! *¡Buena suerte!*

# Lerntipps und Hinweise zur Benutzung des Kurses

Im Folgenden geben wir Ihnen einige Lerntipps und Hinweise zum Aufbau dieses Hörkurses.

## Lerntipps

- ***Strategie ist alles***: Ein Selbstlernprogramm gibt Ihnen die Möglichkeit, Tempo, Rhythmus und Intensität des Lernprozesses selbst zu gestalten. Versuchen Sie, Ihre eigene Lernstrategie zu entwickeln. Sie kennen sich selbst am besten und wissen, wann und wo Ihnen das Lernen am leichtesten fällt. Bedenken Sie aber, dass es effektiver ist, öfter und in kurzen, konzentrierten Lernperioden zu arbeiten statt einmal mehrere Stunden hintereinander.
- ***Übung macht den Meister***: Hören Sie sich so oft wie möglich die CDs an. Sprechen Sie die spanischen Wörter und Sätze nach, auch wenn Sie zunächst nicht alles verstehen. Wiederholen Sie regelmäßig auch die *Situaciones*, die Sie bereits bearbeitet haben. Dadurch wird das Gelernte vertieft und Ihr Ohr gewöhnt sich schneller an die fremde Sprache. Das kommt auch Ihrer Aussprache zugute. Ideal wäre, wenn Sie das von Ihnen Gesprochene auf ein separates Band aufnehmen und kritisch mit dem der Sprecher vergleichen würden.
- ***Nicht vordrängeln***: Bitte arbeiten Sie die *Situaciones* der Reihe nach durch. Es ist wichtig, dass Sie nichts auslassen, denn die *Situaciones* bauen aufeinander auf.
- ***Kopf hoch***: Lassen Sie sich auf keinen Fall dadurch entmutigen, dass Sie einmal einen Dialog nicht auf Anhieb verstehen oder eine falsche Antwort geben. Hören Sie sich die in „Relájese" präsentierten Wörter noch einmal an oder lesen Sie die deutsche Übersetzung im Begleitheft nach, bis Sie den Dialog verstehen.
- ***Für Grammatik-Freaks***: Falls Sie an ausführlicheren Informationen zu Grammatik und Sprachgebrauch interessiert sind, lesen Sie bitte die entsprechenden Passagen im Begleitheft durch, während Sie eine *Situación* bearbeiten.

## Aufbau des Hörkurses

Der Hörkurs besteht aus 10 *Situaciones* (Situationen). Jeder *Situación* entspricht eine oder mehrere Redeabsichten, z.B. sich und andere vorstellen oder ein Hotelzimmer buchen. Diese werden Ihnen in einer festen Abfolge von Lernschritten vermittelt.

- ***Imagínese ...*** (Stellen Sie sich vor ...): Am Anfang geben wir Ihnen einen Überblick über die Lernziele der jeweiligen *Situación*. Es ist wichtig, dass Sie sich klar machen, um welches Thema es geht und was Sie lernen sollen.
- ***Diálogos*** (Dialoge) und ***Ejercicios*** (Übungen): Jede *Situación* enthält zwei Dialoge, die zusammen mit den Übungen den Kern einer *Situación* bilden. Bevor Sie einen Dialog hören, dürfen Sie sich entspannt zurücklehnen und zu einer Musikuntermalung die unbekannten Wörter und Ausdrücke des Dialogs mit ihrer deutschen Übersetzung anhören (***Relájese*** Entspannen Sie sich). Danach folgt der Dialog. Sie hören ihn jeweils zweimal: einmal zusammenhängend und ein zweites Mal in Wortgruppen mit Pausen zum Nachsprechen. Nach jedem der zwei Dialoge folgen eine oder zwei Übungen, in denen Sie wichtige Wendungen, die im Dialog vorkamen, in kleinen Übungsdialogen selbst anwenden können. Die Anweisungen dafür erhalten Sie jeweils von der CD. Damit Sie wissen, ob Sie richtig geantwortet haben, hören Sie jeweils nach Ihrer Antwort die Lösung von einem der Sprecher auf der CD. Danach folgt wieder eine Pause, in der Sie die Lösung noch einmal wiederholen können. Wir nennen dieses Übungsverfahren einen 4-Phasen-Drill, also:
  1. Phase: Aufgabenstellung,
  2. Phase Antwort sprechen,
  3. Phase: richtige Antwort von der CD,
  4. Phase: Pause, damit Sie die Lösung noch einmal nachsprechen können.

  Wann Sie sprechen sollen, wird Ihnen jeweils durch einen Gong angekündigt.
- ***Vocabulario*** (Wortschatz): In diesem Abschnitt fassen wir alle wichtigen Wörter und Redewendungen der *Situación* zusammen, diesmal ausgehend vom Deutschen, wobei Sie in der Pause die spanische Übersetzung sprechen sollen. Sie können sich also selbst testen, ob Sie alles behalten haben.
- ***Conversación*** (Unterhaltung): Der letzte Abschnitt jeder *Situación* ist eine Unterhaltung. Ihr Gesprächspartner ist dabei einer der Sprecher, der deutsche Moderator sagt Ihnen jeweils, was Sie fragen oder antworten sollen. Auf diese Weise trainieren Sie noch einmal abschließend alle wichtigen Redewendungen einer *Situación*. Sie werden sehen, wie viel Sie schon nach wenigen *Situaciones* sagen können.

Für sämtliche Übungen gilt: Die Lösung erfahren Sie stets, nachdem Sie gesprochen haben.

# Übersicht über die *Situaciones*

*Situación 1*

**Buenos días – Guten Tag**
- Redeabsichten: sich begrüßen, sich verabschieden, sich und andere vorstellen
- Wortschatz: Begrüßungsformeln, Länder und Nationalitäten

*Situación 2*

**Trabajo aquí – Ich arbeite hier**
- Redeabsichten: Angaben über Beruf und Familie machen
- Wortschatz: Berufe, Familie

*Situación 3*

**En un restaurante – In einem Restaurant**
- Redeabsichten: Speisen und Getränke bestellen
- Wortschatz: Speisen und Getränke, Zahlen bis 100

*Situación 4*

**En un hotel – In einem Hotel**
- Redeabsichten: Zimmer reservieren, Beschwerden vorbringen
- Wortschatz: Hotel

*Situación 5*

**¿Qué hora es? – Wie spät ist es?**
- Redeabsichten: die Uhrzeit angeben, nach Abfahrt und Ankunft von Verkehrsmitteln fragen, sich nach Öffnungszeiten erkundigen
- Wortschatz: Uhrzeit, Veranstaltungsorte

*Situación 6*

**¿Te gusta leer? – Liest du gern?**
- Redeabsichten: angeben, was man gern tut und was nicht, sich verabreden
- Wortschatz: Freizeitgestaltung, Wochentage, Jahreszeiten

*Situación 7*

**De compras – Beim Einkaufen**
- Redeabsichten: Lebensmittel einkaufen
- Wortschatz: Einkaufen, Gewichts- und Mengenangaben, Zahlen ab 100

*Situación 8*

**¿Para ir al Corte Inglés, por favor? – Wie komme ich bitte zum Corte Inglés?**
- Redeabsichten: Kleidung einkaufen, nach dem Weg fragen
- Wortschatz: Farben und Materialien, Wegbeschreibung

*Situación 9*

**¿Qué vas a hacer en las vacaciones? – Was wirst du in den Ferien machen?**
- Redeabsichten: von zukünftigen Ereignissen und Plänen sprechen, den Besitz angeben
- Wortschatz: Verwandtschaftsbezeichnungen, Monate, Datum

*Situación 10*

**Hoy no he trabajado – Heute habe ich nicht gearbeitet**
- Redeabsichten: von Ereignissen in der Vergangenheit berichten
- Wortschatz: Arbeitstag und Freizeit

| | | |
|---|---|---|
| **CD 1** | Track 1 | Imagínese |
| | Track 2 | Diálogo 1 |
| | Track 3 | Ejercicios |
| | Track 4 | Diálogo 2 |
| | Track 5 | Ejercicios |
| | Track 6 | Diálogos 3/4 |
| | Track 7 | Ejercicios |
| | Track 8 | Vocabulario |
| | Track 9 | Conversación |

## *Dialoge mit deutscher Übersetzung*

***Diálogo 1***

F = Felipe Sánchez, I = Isabel Martínez

| | | |
|---|---|---|
| F | Buenos días, señora. | *Guten Morgen, Señora.* |
| | Me llamo Felipe Sánchez. | *Ich heiße Felipe Sánchez.* |
| | ¿Cómo se llama usted? | *Wie heißen Sie?* |
| I | Me llamo Isabel Martínez. | *Ich heiße Isabel Martínez.* |
| F | Encantado. | *Angenehm.* |
| | ¿Es usted española? | *Sind Sie Spanierin?* |
| I | Sí, soy de Madrid. | *Ja, ich bin aus Madrid.* |
| | Y usted, señor, ¿de dónde es? | *Und Sie, Señor, woher sind Sie?* |
| F | Soy de Málaga. Soy andaluz. | *Ich bin aus Málaga. Ich bin Andalusier.* |

***Diálogo 2***

P = Paco Herreras, M = María González

| | | |
|---|---|---|
| P | Hola, soy Paco, Paco Herreras. | *Hallo, ich bin Paco, Paco Herreras.* |
| | ¿Y tú? | *Und du?* |
| M | Soy María González. | *Ich bin María González.* |
| P | ¿Eres española? | *Bist du Spanierin?* |
| M | No, no soy española. | *Nein, ich bin nicht Spanierin.* |
| | Soy colombiana, de Bogotá. | *Ich bin Kolumbianerin, aus Bogotá.* |
| | Y tú, ¿de dónde eres? | *Und du, woher bist du?* |
| P | Soy de Perú, de Lima. | *Ich bin aus Peru, aus Lima.* |
| | Soy peruano. | *Ich bin Peruaner.* |

***Diálogo 3***

F = Felipe Sánchez, I = Isabel Martínez

| | | |
|---|---|---|
| F | Buenas tardes, señora Martínez. | *Guten Tag, Frau Martínez.* |
| | ¿Cómo está usted? | *Wie geht es Ihnen?* |
| I | Gracias, estoy bien. ¿Y usted? | *Danke, mir geht es gut. Und Ihnen?* |

***Diálogo 4***

P = Paco Herreras, M = María González

| | | |
|---|---|---|
| P | Hola, María. ¿Qué tal? | *Hallo, María. Wie geht's?* |
| M | Muy bien, gracias. ¿Y tú? | *Sehr gut, danke. Und dir?* |

## *Erklärungen zu Grammatik und Sprachgebrauch*

**Die Nationalitätsbezeichnungen**

Sie sind im Spanischen immer Adjektive. Ihre Form richtet sich nach dem Bezugswort.

| | |
|---|---|
| *Felipe es **español**.* | Felipe ist Spanier. |
| *María es **colombiana**.* | Maria ist Kolumbianerin. |

Nachfolgend einige Länder und ihre Nationalitäten.

| | | | |
|---|---|---|---|
| Spanien | *España* | spanisch; Spanier/-in | *español, española* |
| Deutschland | *Alemania* | deutsch; Deutsche/-r | *alemán, alemana* |
| Österreich | *Austria* | österreichisch; Österreicher/-in | *austríaco, austríaca* |
| Schweiz | *Suiza* | schweizerisch; Schweizer/-in | *suizo, suiza* |
| Italien | *Italia* | italienisch; Italiener/-in | *italiano, italiana* |
| Holland | *Holanda* | holländisch; Holländer/-in | *holandés, holandesa* |
| Frankreich | *Francia* | französisch; Franzose/-ösin | *francés, francesa* |
| England | *Inglaterra* | englisch; Engländer/-in | *inglés, inglesa* |

**Die Subjektpronomen**

Die spanischen Subjektpronomen lauten:

| Singular | | Plural | |
|---|---|---|---|
| *yo* | ich | *nosotros* | wir (maskulin) |
| *tú* | du | *nosotras* | wir (feminin) |
| *él* | er | *vosotros* | ihr (maskulin) |
| *ella* | sie | *vosotras* | ihr (feminin) |
| *usted* | Sie (Höflichkeitsform) | *ellos* | sie (maskulin) |
| | | *ellas* | sie (feminin) |
| | | *ustedes* | Sie (Höflichkeitsform) |

Im Plural unterscheidet man in der 1. und 2. Person zwischen maskulinen (*nosotros* und *vosotros*) und femininen (*nosotras* und *vosotras*) Subjektpronomen. Handelt es sich um eine gemischte Gruppe maskuliner und femininer Personen, benutzt man die maskuline Form. Das gilt auch für *ellos* (für maskuline sowie maskuline und feminine Substantive zusammen) und *ellas* (nur für feminine Substantive).

Die höfliche Anrede für eine Einzelperson ist *usted* – abgekürzt *Ud.* oder *Vd.* –, für mehrere *ustedes* – abgekürzt *Uds.* oder *Vds.*

In Verbindung mit einem Verb wird das Subjektpronomen in der Regel nicht gebraucht, da sich meistens schon an der Endung des Verbs erkennen lässt, um welche Person es sich handelt. Nur wenn man eine Person hervorheben oder Verwechslungen vermeiden will, benutzt man das Subjektpronomen.

*Yo soy Paco, y ¿cómo te llamas tú?* Ich bin Paco und wie heißt du?

*Es de Málaga.* Ohne Kontext weiß man nicht, wer aus Málaga kommt – *él* (er), *ella* (sie) oder *usted* (Sie). Mit dem Subjektpronomen wird klar, wer gemeint ist: *Él es de Málaga. / Ella es de Málaga. / Usted es de Málaga.*

**Das Verb *ser* (sein) im Präsens**

| | | |
|---|---|---|
| *(yo)* | *soy* | ich bin |
| *(tú)* | *eres* | du bist |
| *(él/ella/usted)* | *es* | er/sie ist, Sie sind |
| *(nosotros/-as)* | *somos* | wir sind |
| *(vosotros/-as)* | *sois* | ihr seid |
| *(ellos/ellas/ustedes)* | *son* | sie/Sie sind |

*Ser* wird u.a. verwendet:
- zur Angabe der Person:
  *Soy Paco.* Ich bin Paco.
- zur Angabe der Herkunft:
  *¿De dónde eres? – Soy de Lima.* Woher bist/kommst du? – Ich bin aus Lima.
- zur Angabe der Nationalität:
  *Soy española.* Ich bin Spanierin.
- zur Angabe des Berufes:
  *Soy informático.* Ich bin Informatiker.
- zur Angabe des Besitzes.
  *Este coche es de Juan.* Dieses Auto gehört Juan.
- zur Angabe der Beschaffenheit:
  *Esta mesa es de madera.* Dieser Tisch ist aus Holz.
- zur Angabe der Uhrzeit:
  *¿Qué hora es? – Son las tres y media.* Wie viel Uhr ist es? – Es ist halb vier.

**Das Verb *estar* (sein, liegen, sich befinden) im Präsens**

| | | |
|---|---|---|
| *(yo)* | *estoy* | ich bin |
| *(tú)* | *estás* | du bist |
| *(él/ella/usted)* | *está* | er/sie ist, Sie sind |
| *(nosotros/-as)* | *estamos* | wir sind |
| *(vosotros/-as)* | *estáis* | ihr seid |
| *(ellos/ellas/ustedes)* | *están* | sie/Sie sind |

*Estar*, das ebenfalls „sein" bedeutet, wird u.a. verwendet:
- zur Angabe des Gesundheitszustandes:
  *¿Cómo estás?* Wie geht es dir?
  *Gracias, estoy bien.* Danke, mir geht es gut.
- zur Angabe des Ortes:
  *¿Dónde están los niños?* Wo sind die Kinder?
  *Madrid está en España.* Madrid ist in Spanien.
- zur Angabe des Personenstandes:
  *El señor García está casado.* Herr García ist verheiratet.
  *Luisa está divorciada.* Luisa ist geschieden.

Das Verb ***llamarse*** **(heißen) im Präsens**

| | | |
|---|---|---|
| *(yo)* | *me llamo* | ich heiße |
| *(tú)* | *te llamas* | du heißt |
| *(él/ella/usted)* | *se llama* | er/sie heißt, Sie heißen |
| *(nosotros/-as)* | *nos llamamos* | wir heißen |
| *(vosotros/-as)* | *os llamáis* | ihr heißt |
| *(ellos/ellas/ustedes)* | *se llaman* | sie/Sie heißen |

Das Verb *llamarse* ist ein reflexives Verb. Reflexive Verben bestehen aus dem Reflexivpronomen (*me, te, se* ...) und der konjugierten Form des Verbs. Ein spanisches reflexives Verb muss im Deutschen nicht ebenfalls reflexiv sein, wie das Beispiel *llamarse* (heißen / wörtlich: sich rufen) zeigt. Sowohl im Spanischen als auch im Deutschen reflexiv ist z.B. das Verb *lavarse* (sich waschen).

| | | |
|---|---|---|
| *(yo)* | *me lavo* | ich wasche mich |
| *(tú)* | *te lavas* | du wäschst dich |
| *(él/ella/usted)* | *se lava* | er/sie wäscht sich, Sie waschen sich |
| *(nosotros/-as)* | *nos lavamos* | wir waschen uns |
| *(vosotros/-as)* | *os laváis* | ihr wascht euch |
| *(ellos/ellas/ustedes)* | *se lavan* | sie/Sie waschen sich |

**Die Verneinung**

Die Verneinung wird im Spanischen mit *no* ausgedrückt. *No* bedeutet sowohl „nein“ als auch „nicht“ und steht vor dem konjugierten Verb.

*No, no soy española.* Nein, ich bin nicht Spanierin.

| | | |
|---|---|---|
| **CD 1** | Track 10 | Imagínese |
| | Track 11 | Diálogo 1 |
| | Track 12 | Ejercicios |
| | Track 13 | Diálogo 2 |
| | Track 14 | Ejercicios |
| | Track 15 | Vocabulario |
| | Track 16 | Conversación |

## *Dialoge mit deutscher Übersetzung*

***Diálogo 1***
G = Sr. García, S = Sr. Sánchez

| | | |
|---|---|---|
| G | Hola, señor Sánchez.<br>¿Qué hace usted aquí en Barcelona? | *Hallo, Herr Sánchez.*<br>*Was machen Sie (denn) hier in Barcelona?* |
| S | Pues, trabajo aquí.<br>Soy informático en una empresa de electrónica.<br>Y usted, señor García, ¿qué hace aquí? | *Nun, ich arbeite hier.*<br>*Ich bin Informatiker in einer Elektronikfirma.*<br>*Und Sie, Herr García, was machen Sie hier?* |
| G | Mi familia y yo estamos de vacaciones<br>en Playa de Aro. | *Meine Familie und ich sind in Playa de Aro*<br>*in Urlaub.* |
| S | ¡Ah, tiene familia! | *Ah, Sie haben Familie!* |
| G | Sí, estoy casado y tengo dos hijos,<br>un hijo de cinco años y una hija de dos.<br>¡Ah, allí están!<br>Adiós, señor Sánchez. | *Ja, ich bin verheiratet und habe zwei Kinder,*<br>*einen fünfjährigen Sohn und eine zweijährige Tochter.*<br>*Ah, dort sind sie!*<br>*Auf Wiedersehen, Herr Sánchez.* |
| S | Adiós, señor García. | *Auf Wiedersehen, Herr García.* |

***Diálogo 2***
P = Pedro, L = Luisa

| | | |
|---|---|---|
| L | Hola, Pedro. ¡Cuánto tiempo sin verte!<br>¿Qué tal? | *Hallo, Pedro. Lange nicht gesehen!*<br>*Wie geht's?* |
| P | Muy bien, gracias.<br>Y tú, Luisa, ¿cómo estás? | *Sehr gut, danke.*<br>*Und Luisa, wie geht es dir?* |
| L | Bien, gracias. ¿Y qué es de tu vida? | *Danke gut. Und was machst du denn so?* |
| P | Soy estudiante. Estudio Geografía.<br>¿Y tú también estudias o trabajas? | *Ich bin Student. Ich studiere Geographie.*<br>*Und studierst du auch oder arbeitest du?* |
| L | Trabajo en una agencia de viajes.<br>Reservo habitaciones, organizo viajes, ... | *Ich arbeite in einem Reisebüro.*<br>*Ich reserviere Zimmer, organisiere Reisen, ...* |
| P | ¿Ya estás casada? | *Bist du schon verheiratet?* |
| L | ¡Qué va! Todavía estoy soltera,<br>pero tengo novio.<br>¿Y tú, Pedro? | *Ach was! Ich bin noch Single,*<br>*aber ich habe einen festen Freund.*<br>*Und du Pedro?* |
| P | Tampoco estoy casado,<br>ni tengo novia … | *Ich bin auch nicht verheiratet,*<br>*und ich habe keine feste Freundin …* |

## *Erklärungen zu Grammatik und Sprachgebrauch*

### Die Substantive

Spanische Substantive sind entweder maskulin oder feminin. Ein Neutrum wie im Deutschen gibt es nicht. Das Geschlecht lässt sich häufig an der Endung erkennen.

| Maskulin sind z.B. | Feminin sind z.B. |
|---|---|
| Substantive mit der Endung | Substantive mit der Endung |
| -*o*: *libro* (Buch) | -*a*: *casa* (Haus) |
| -***aje***: *viaje* (Reise) | -***dad***: *ciudad* (Stadt) |
| -***ete***: *billete* (Fahrkarte) | -***ez***: *vez* (Mal) |
| -*l*: *hotel* (Hotel) | -***ión***: *estación* (Bahnhof) |
| -***or***: *color* (Farbe) | -***zón***: *razón* (Grund; Vernunft) |

Substantive mit der Endung -*e* können maskulin oder feminin sein:

| | |
|---|---|
| -*e*: *coche* (Auto) | -*e*: *calle* (Straße) |

Es gibt einige wenige Substantive,

- die auf -*o* oder -*or* enden, aber **feminin** sind: z.B. *foto* (Foto), *mano* (Hand), *moto* (Motorrad), *radio* (Radio); *flor* (Blume).
- die auf -*a*, -*ez*, -*ión* oder -*zón* enden, aber **maskulin** sind: z.B. *idioma* (Fremdsprache), *problema* (Problem), *programa* (Programm), *día* (Tag) und *mapa* (Landkarte); *ajedrez* (Schachspiel); *avión* (Flugzeug) und *camión* (Lastwagen); *corazón* (Herz).

### Singular und Plural von Substantiven

| Vokal als Endung → | Anhängen von -*s* |
|---|---|
| *libro* (Buch) | *libros* (Bücher) |
| *casa* (Haus) | *casas* (Häuser) |
| *coche* (Auto) | *coches* (Autos) |
| Konsonant als Endung → | Anhängen von -***es*** |
| *hotel* (Hotel) | *hoteles* (Hotels) |

Endet ein Substantiv auf -*z*, lautet die Pluralendung -***ces***: *luz* (Licht) → *luces* (Lichter).
Der Akzent auf der letzten Silbe fällt im Plural weg:
*habitación* (Zimmer) → *habitaciones* (Zimmer).

### Die Artikel

Der **bestimmte Artikel** (auf Deutsch „der/die/das") lautet:

| | maskulin | feminin |
|---|---|---|
| Singular | ***el*** *libro* (das Buch) | ***la*** *casa* (das Haus) |
| Plural | ***los*** *libros* (die Bücher) | ***las*** *casas* (die Häuser) |

Vor einem femininen Substantiv, das mit betontem ***a***- oder ***ha***- beginnt, lautet der bestimmte Artikel im Singular ***el***, im Plural ***las***:

*el águila* (der Adler) — *las águilas* (die Adler)
*el hada* (die Fee) — *las hadas* (die Feen)

Abweichend vom Deutschen steht im Spanischen der bestimmte Artikel

- vor *Sr./Sra./Srta.* + Eigenname, wenn man über die Person spricht:
  *¿Dónde está el Sr. García?* Wo ist Herr García?
  **Aber:** In der direkten Anrede fällt der Artikel weg:
  *Buenos días, Sra. Gil.* Guten Morgen, Frau Gil.
- bei Zeitangaben wie:
  *la semana pasada* (letzte Woche), *el sábado* (am Samstag), *los domingos* (sonntags).
- bei Verallgemeinerungen:
  *Me gustan los perros.* Ich mag Hunde.

Der **unbestimmte Artikel** (auf Deutsch „ein, eine") lautet:

| | maskulin | feminin |
|---|---|---|
| Singular | ***un*** *libro* (ein Buch) | ***una*** *casa* (ein Haus) |
| Plural | ***unos*** *libros* (einige Bücher) | ***unas*** *casas* (einige Häuser) |

Vor einem femininen Substantiv, das mit betontem ***a***- oder ***ha***- beginnt, lautet der unbestimmte Artikel im Singular ***un***, im Plural ***unas***:

| | |
|---|---|
| *un águila* (ein Adler) | *unas águilas* (einige Adler) |
| *un hada* (eine Fee) | *unas hadas* (einige Feen) |

*Unos/unas* bedeutet „einige", vor Zahlen „ungefähr": *unos diez días* (ungefähr zehn Tage), *unas tres semanas* (ungefähr drei Wochen).

Abweichend vom Deutschen steht im Spanischen kein unbestimmter Artikel vor ***medio*** (ein halb) und ***otro*** (ein anderer, noch einer).

- *Déme medio kilo de fresas, por favor.*
  Geben Sie mir bitte ein halbes Kilo Erdbeeren.
- *Tráigame otra cerveza, por favor.*
  Bringen Sie mir bitte noch ein Bier.

**Das Verb *trabajar* (arbeiten)**
Spanische Verben lassen sich nach ihren Infinitivendungen in drei Gruppen einteilen: ***-ar***, ***-er*** und ***-ir***. Um die verschiedenen Formen zu bilden, tritt an die Stelle der Infinitivendung die Endung, die der jeweiligen Person entspricht.
Alle regelmäßigen Verben mit der Infinitivendung *-ar* werden wie *trabajar* (arbeiten) gebildet.

| | | |
|---|---|---|
| (*yo*) | *trabaj**o*** | ich arbeite |
| (*tú*) | *trabaj**as*** | du arbeitest |
| (*él/ella/usted*) | *trabaj**a*** | er/sie arbeitet, Sie arbeiten |
| (*nosotros/-as*) | *trabaj**amos*** | wir arbeiten |
| (*vosotros/-as*) | *trabaj**áis*** | ihr arbeitet |
| (*ellos/ellas/ustedes*) | *trabaj**an*** | sie/Sie arbeiten |

Die Formen der Verben *hacer* (machen, tun) und *tener* (haben) werden wie folgt gebildet.

***hacer* (machen, tun)**

| | | |
|---|---|---|
| (*yo*) | *hago* | ich mache |
| (*tú*) | *haces* | du machst |
| (*él/ella/usted*) | *hace* | er/sie macht, Sie machen |
| (*nosotros/-as*) | *hacemos* | wir machen |
| (*vosotros/-as*) | *hacéis* | ihr macht |
| (*ellos/ellas/ustedes*) | *hacen* | sie/Sie machen |

***tener*** (haben)

| | | |
|---|---|---|
| (*yo*) | *tengo* | ich habe |
| (*tú*) | *tienes* | du hast |
| (*él/ella/usted*) | *tiene* | er/sie hat, Sie haben |
| (*nosotros/-as*) | *tenemos* | wir haben |
| (*vosotros/-as*) | *tenéis* | ihr habt |
| (*ellos/ellas/ustedes*) | *tienen* | sie/Sie haben |

Mit *tener* geben Sie auch das Alter an.
*¿Cuántos años tienes?* Wie alt bist du?
*Tengo veinte años.* Ich bin 20 Jahre alt.
*Tener que* bedeutet „müssen", danach folgt stets der Infinitiv: *Tengo que organizar viajes.* Ich muss Reisen organisieren.

| | | |
|---|---|---|
| **CD 1** | Track 17 | Imagínese |
| | Track 18 | Diálogo 1 |
| | Track 19 | Ejercicio |
| **CD 2** | Track 1 | Diálogo 2 |
| | Track 2 | Ejercicio |
| | Track 3 | Vocabulario |
| | Track 4 | Conversación |

## *Dialoge mit deutscher Übersetzung*

***Diálogo 1***

C = Camarero, M = Sr. Martínez, I = Sra. Martínez

| | | |
|---|---|---|
| C | Buenas noches, señores, ¿qué van a tomar? | *Guten Abend, Señores, was nehmen Sie?* |
| M | Buenas noches. ¿Nos trae la carta, por favor? | *Guten Abend. Bringen Sie uns bitte die Speisekarte?* |
| C | En seguida. | *Sofort.* |
| M | Gracias.<br>(Kurze Pause) | *Danke.* |
| C | ¿Y qué van a comer? | *Und was essen Sie?* |
| M | Bueno, para mí de primero un gazpacho andaluz y de segundo pollo asado con patatas fritas. | *Nun, für mich als ersten Gang einen andalusischen Gazpacho und als zweiten Gang Brathähnchen mit Pommes Frites.* |
| I | Y para mí de primero una ensalada mixta y después merluza a la plancha. | *Und für mich als ersten Gang einen gemischten Salat und danach gegrillten Seehecht.* |
| C | ¿Y para beber? | *Und zum Trinken?* |
| M | Una cerveza y una copa de vino tinto. | *Ein Bier und ein Glas Rotwein.* |
| C | Muy bien.<br>(Kurze Pause) | *Sehr wohl.* |
| C | ¿Van a tomar postre? | *Möchten Sie ein Dessert?* |
| M | Sí, yo quería un helado, por favor. | *Ja, ich möchte bitte ein Eis.* |
| I | Y para mí un flan. | *Und für mich einen Karamellpudding.* |
| C | Muy bien, un flan y un helado. | *Sehr wohl, einen Karamellpudding und ein Eis.* |

***Diálogo 2***

C = Camarero, M = Sr. Martínez

| | | |
|---|---|---|
| C | Sí, señor. ¿Desea algo más? | *Ja, Señor. Wünschen Sie noch etwas?* |
| M | Otra cerveza y otro vino tinto, por favor. Ah sí, ¿y podría traernos un poco más de pan, por favor? | *Bitte noch ein Bier und noch einen Rotwein. Ach ja, und könnten Sie uns bitte noch etwas Brot bringen?* |
| C | En seguida. | *Sofort.* |
| M | Gracias.<br>(Kurze Pause) | *Danke.* |
| C | ¿Quieren tomar café? | *Möchten Sie Kaffee?* |
| M | Sí, dos cafés, por favor, uno cortado y otro solo. Y la cuenta, por favor. | *Ja, bitte zwei Kaffee, einen mit wenig Milch und einen Espresso. Und die Rechnung bitte.* |

## *Erklärungen zu Grammatik und Sprachgebrauch*

**In einem Restaurant etwas bestellen**

Für Ihre Bestellung in einem Restaurant haben Sie folgende Möglichkeiten.

*¿Me trae una cerveza, por favor?* Bringen Sie mir bitte ein Bier?
*¿Nos trae dos cervezas, por favor?* Bringen Sie uns bitte zwei Bier?
*Quería una cerveza, por favor.* Ich möchte gern ein Bier.
*Una cerveza, por favor.* Ein Bier bitte.

Das Verb *tomar* heißt wörtlich „nehmen", bedeutet aber auch „essen" und „trinken": *tomar café* (Kaffee trinken), *tomar un bocadillo de jamón* (ein Schinkenbrötchen essen).
Wenn der Kellner Sie also fragt, *¿Qué va a tomar?* – wenn Sie alleine sind – oder *¿Qué van a tomar?* – wenn Sie zu mehreren sind, möchte er wissen, was er Ihnen zu essen und trinken bringen soll.
„Trinken" allein heißt *beber*, „essen" *comer.*

**Das Verb *comer* (essen) im Präsens**

| | | |
|---|---|---|
| (*yo*) | *com**o*** | ich esse |
| (*tú*) | *com**es*** | du isst |
| (*él/ella/usted*) | *com**e*** | er/sie isst, Sie essen |
| (*nosotros/-as*) | *com**emos*** | wir essen |
| (*vosotros/-as*) | *com**éis*** | ihr esst |
| (*ellos/ellas/ustedes*) | *com**en*** | sie/Sie essen |

Alle regelmäßigen Verben mit der Infinitivendung *-er* werden wie *comer* gebildet, also auch *beber.*

**Das Verb *vivir* (leben, wohnen) im Präsens**

| | | |
|---|---|---|
| (*yo*) | *viv**o*** | ich lebe |
| (*tú*) | *viv**es*** | du lebst |
| (*él/ella/usted*) | *viv**e*** | er/sie lebt, Sie leben |
| (*nosotros/-as*) | *viv**imos*** | wir leben |
| (*vosotros/-as*) | *viv**ís*** | ihr lebt |
| (*ellos/ellas/ustedes*) | *viv**en*** | sie/Sie leben |

Alle regelmäßigen Verben mit der Infinitivendung *-ir* werden wie *vivir* gebildet.

Nachfolgend sind die Zahlen bis 100 abgedruckt.

| | | | | | |
|---|---|---|---|---|---|
| 0 | cero | 14 | catorce | 28 | veintiocho |
| 1 | uno | 15 | quince | 29 | veintinueve |
| 2 | dos | 16 | dieciséis | 30 | treinta |
| 3 | tres | 17 | diecisiete | 31 | treinta y uno |
| 4 | cuatro | 18 | dieciocho | 32 | treinta y dos |
| 5 | cinco | 19 | diecinueve | 33 | treinta y tres |
| 6 | seis | 20 | veinte | 40 | cuarenta |
| 7 | siete | 21 | veintiuno | 41 | cuarenta y uno |
| 8 | ocho | 22 | veintidós | 50 | cincuenta |
| 9 | nueve | 23 | veintitrés | 60 | sesenta |
| 10 | diez | 24 | veinticuatro | 70 | setenta |
| 11 | once | 25 | veinticinco | 80 | ochenta |
| 12 | doce | 26 | veintiséis | 90 | noventa |
| 13 | trece | 27 | veintisiete | 100 | cien |

Vor einem maskulinen Substantiv wird *uno* zu *un* (*un café*), vor einem femininen Substantiv sagen Sie *una* (*una limonada*). Das gilt auch bei größeren Zahlen, deren letzte Stelle eine „1" ist: *treinta y un cafés, treinta y una limonadas.*

| | | |
|---|---|---|
| **CD 2** | Track 5 | Imagínese |
| | Track 6 | Diálogo 1 |
| | Track 7 | Ejercicios |
| | Track 8 | Diálogo 2 |
| | Track 9 | Ejercicios |
| | Track 10 | Vocabulario |
| | Track 11 | Conversación |

## *Dialoge mit deutscher Übersetzung*

***Diálogo 1***

R = Recepcionista, M = Sra. Martínez

| | | |
|---|---|---|
| R | Hotel „El Laurel", buenos días. Dígame. | *Hotel „El Laurel", Guten Morgen. Ja, bitte.* |
| M | Buenos días, señora. Vamos a Sevilla el próximo fin de semana y quería reservar una habitación para dos personas. | *Guten Morgen, Señora. Wir fahren am nächsten Wochenende nach Sevilla und ich möchte ein Zimmer für zwei Personen reservieren.* |
| R | ¿Para cuántas noches? | *Für wie viele Nächte?* |
| M | Para dos. | *Für zwei.* |
| R | ¿Con cama de matrimonio o con dos camas separadas? | *Mit Ehebett oder mit zwei getrennten Betten?* |
| M | Con cama de matrimonio, por favor. | *Mit Ehebett, bitte.* |
| R | ¿Y cómo la prefiere, con ducha o con baño? | *Und wie möchten Sie es lieber, mit Dusche oder mit Bad?* |
| M | Con baño. ¿Es tranquila la habitación? | *Mit Bad. Ist das Zimmer ruhig?* |
| R | Sí, muy tranquila. No da a la calle, da al patio. | *Ja, sehr ruhig. Es geht nicht auf die Straße hinaus, es geht auf den Innenhof hinaus.* |
| M | ¿Cuánto cuesta la noche? | *Wie viel kostet die Nacht?* |
| R | ¿Con o sin desayuno? | *Mit oder ohne Frühstück?* |
| M | Con desayuno. | *Mit Frühstück.* |
| R | Bueno, son 90 euros la noche, es decir 180 euros en total. | *Nun, das macht 90 Euro die Nacht, also 180 Euro insgesamt.* |
| M | De acuerdo. Pero no vamos a llegar antes de las ocho de la noche. | *Einverstanden. Aber wir werden nicht vor acht Uhr abends ankommen.* |
| R | Vale. ¿Me dice su nombre, por favor? | *In Ordnung. Sagen Sie mir bitte Ihren Namen?* |
| M | A nombre de Martínez. | *Auf den Namen Martínez.* |
| R | Bien. Adiós, señora. | *Gut. Auf Wiedersehen, Señora.* |
| M | Adiós. | *Auf Wiedersehen.* |

***Diálogo 2***

R = Recepcionista, Ma = Sr. Martínez

| | | |
|---|---|---|
| Ma | Buenas tardes, señora. Tenemos reservada una habitación doble a nombre de Martínez. | *Guten Abend, Señora. Wir haben ein Doppelzimmer auf den Namen Martínez reserviert.* |
| R | A ver, sí, es la habitación número 14 en la primera planta. | *Mal sehen, ja, es ist das Zimmer Nummer 14 im ersten Stock.* |
| Ma | ¿Hay ascensor? | *Gibt es einen Aufzug?* |
| R | Sí, allí enfrente, al lado de la escalera. | *Ja, dort gegenüber, neben der Treppe.* |

| | | |
|---|---|---|
| Ma | Gracias.<br>(Kurze Pause) | *Danke.* |
| R | Dígame. | *Ja, bitte.* |
| Ma | Soy el Sr. Martínez de la habitación número 14 y tengo un problema. | *Ich bin Herr Martínez von Zimmer Nummer 14 und habe ein Problem.* |
| R | ¿Ah, sí? | *Ach, ja?* |
| Ma | Bueno, no hay toallas en el baño. Además el agua caliente no funciona. | *Nun, es gibt keine Handtücher im Bad. Außerdem funktioniert das Warmwasser nicht.* |
| R | Lo siento, señor. Voy a ocuparme de este problema enseguida. | *Es tut mir Leid, Señor. Ich werde mich sofort um dieses Problem kümmern.* |
| Ma | Gracias, señora. | *Danke, Señora.* |

## *Erklärungen zu Grammatik und Sprachgebrauch*

**Das Verb *preferir* (lieber wollen, vorziehen) im Präsens**

Das Verb *preferir* gehört zu einer Gruppe von Verben, bei denen im Präsens folgende Veränderung auftritt:

| | | |
|---|---|---|
| Stammbetonte Formen (Betonung liegt auf dem Verbstamm) | 1., 2., 3. Person Singular<br>3. Person Plural | das *e* des Verbstammes wird zu *ie* |
| Endungsbetonte Formen (Betonung liegt auf der Endung) | 1., 2. Person Plural | Keine Veränderung, das *e* des Stammes bleibt erhalten |

Verben dieser Gruppe (*e* > *ie*) gibt es für alle Infinitivendungen:
*-ar* (z.B. *empezar* = anfangen, beginnen), *-er* (z.B. *querer* = wollen, lieben) und -ir (z.B. *preferir* = vorziehen, lieber haben). Nachfolgend sämtliche Präsens-Formen.

| | ***-ar*** | ***-er*** | ***-ir*** |
|---|---|---|---|
| (*yo*) | *empiezo* | *quiero* | *prefiero* |
| (*tú*) | *empiezas* | *quieres* | *prefieres* |
| (*él/ella/usted*) | *empieza* | *quiere* | *prefiere* |
| (*nosotros/-as*) | *empezamos* | *queremos* | *preferimos* |
| (*vosotros/-as*) | *empezáis* | *queréis* | *preferís* |
| (*ellos/ellas/ustedes*) | *empiezan* | *quieren* | *prefieren* |

Weitere Verben dieser Gruppe sind z.B. *cerrar* (schließen), *comenzar* (anfangen, beginnen), *pensar* (denken), *entender* (verstehen), *perder* (verlieren), *sentir* (fühlen), *mentir* (lügen).

**Die Ordnungszahlen**

Die spanischen Ordnungszahlen lauten:

| | | | |
|---|---|---|---|
| *primero* | erster | *sexto* | sechster |
| *segundo* | zweiter | *séptimo* | siebter |
| *tercero* | dritter | *octavo* | achter |
| *cuarto* | vierter | *noveno* | neunter |
| *quinto* | fünfter | *décimo* | zehnter |

Ab „elfter" werden im Spanischen die Grundzahlen verwendet.
Die Ordnungszahlen werden wie Adjektive behandelt, d.h. es gibt eine maskuline und eine feminine Form sowie einen Singular und einen Plural. Die Formen von „erster" lauten also: *primero, primera, primeros* und *primeras*, je nachdem welches Substantiv folgt.

Die Ordnungszahlen werden immer vorangestellt.

| | |
|---|---|
| *la cuarta planta* | der 4. Stock |
| *los primeros clientes* | die ersten Kunden |

Vor einem maskulinen Substantiv im Singular werden *primero* und *tercero* zu *primer* bzw. *tercer* verkürzt.

| | |
|---|---|
| *el primer día* | der erste Tag |
| *el tercer año* | das dritte Jahr |

| | | |
|---|---|---|
| **CD 2** | Track 12 | Imagínese |
| | Track 13 | Diálogo 1 |
| | Track 14 | Ejercicios |
| | Track 15 | Diálogo 2 |
| | Track 16 | Ejercicios |
| | Track 17 | Vocabulario |
| | Track 18 | Conversación |

## *Dialoge mit deutscher Übersetzung*

### *Diálogo 1*

V = Vendedor de billetes, P = Pasajero

| | | |
|---|---|---|
| P | Buenos días. ¿A qué hora salen los trenes de Madrid a Guadalajara? | *Guten Morgen. Um wie viel Uhr fahren die Züge von Madrid nach Guadalajara ab?* |
| V | ¿Por la mañana o por la tarde? | *Am Vormittag oder am Nachmittag?* |
| P | Por la tarde. | *Am Nachmittag.* |
| V | Bueno, hay muchos. Uno sale a la una, otro a las dos y media, otro a las cuatro menos veinte, otro … | *Nun, es gibt viele. Einer fährt um ein Uhr ab, ein anderer um halb drei, ein anderer um zwanzig vor vier, ein anderer …* |
| P | ¿A qué hora llega el tren de las cuatro menos veinte? | *Um wie viel Uhr kommt der Zug von zwanzig vor vier an?* |
| V | Llega a las cinco en punto. | *Er kommt um Punkt fünf Uhr an.* |
| P | ¿Y cuánto cuesta el billete? | *Und wie viel kostet die Fahrkarte?* |
| V | ¿En qué clase quería viajar: en turista o en preferente? | *In welcher Klasse möchten Sie reisen: in der zweiten oder in der ersten?* |
| P | En turista. | *In der zweiten.* |
| V | ¿Ida y vuelta? | *Hin- und Rückfahrt?* |
| P | Ida solamente. | *Nur Hinfahrt.* |
| V | Cuesta 15 euros. | *Sie kostet 15 Euro.* |
| P | Y ahora, ¿qué hora es? | *Und wie spät ist es jetzt?* |
| V | Son las tres y cuarto. | *Es ist Viertel nach drei.* |
| P | Ah, me queda casi media hora. Entonces, por favor, déme un billete de turista para el tren de las cuatro menos veinte. | *Ah, es bleibt mir noch fast eine halbe Stunde. Dann geben Sie mir bitte eine Fahrkarte zweiter Klasse für den Zug um zwanzig vor vier.* |
| V | Tenga, señor. | *Bitteschön, Señor.* |
| P | Gracias, adiós. | *Danke, auf Wiedersehen.* |

### *Diálogo 2*

R = Recepcionista, Ma = Sr. Martínez

| | | |
|---|---|---|
| Ma | Por favor, ¿me podría decir a qué hora abre el Alcázar? | *Könnten Sie mir bitte sagen, um wie viel Uhr der Alcázar öffnet?* |
| R | Sí, señor. Abre a las diez de la mañana. | *Ja, Señor. Er öffnet um zehn Uhr morgens.* |
| Ma | ¿Y a qué hora cierra? | *Und um wie viel Uhr schließt er?* |
| R | A las cinco de la tarde. | *Um fünf Uhr nachmittags.* |
| Ma | ¿Y sabe también a qué hora empieza el concierto de guitarra? | *Und wissen Sie auch, um wie viel Uhr das Gitarrenkonzert beginnt?* |
| R | A las nueve y media. | *Um halb zehn.* |
| Ma | ¿Y a qué hora termina? | *Und um wie viel Uhr endet es?* |
| R | Hacia medianoche. | *Gegen Mitternacht.* |

## *Erklärungen zu Grammatik und Sprachgebrauch*

**Die Uhrzeit**

Die Uhrzeit wird im Spanischen mit dem Verb *ser* (sein) angegeben, das Sie schon aus *Situación 1* kennen. Möchten Sie wissen, wie spät es ist, fragen Sie *¿qué hora es?*
Wenn Sie die Uhrzeit angeben, benutzen Sie in Verbindung mit „ein Uhr" *es ...*, für alle übrigen Uhrzeiten *son ...*:

| | |
|---|---|
| *es la una* | es ist ein Uhr |
| *son las dos* | es ist zwei Uhr |

Für Zeitangaben bis „halb" zählen Sie die Minuten, die seit der letzten vollen Stunde vergangen sind, mit *y* hinzu, ab „halb" ziehen Sie die Minuten, die bis zur nächsten vollen Stunde fehlen, mit *menos* von der nächsten vollen Stunde ab:

| | |
|---|---|
| *es la una y diez* | es ist zehn nach eins |
| *son las tres y cuarto* | es ist Viertel nach drei |
| *son las ocho y media* | es ist halb neun |
| *son las seis menos veinte* | es ist zwanzig vor sechs |
| *son las cinco menos cuarto* | es ist Viertel vor fünf |

Morgens, nachmittags, abends und nachts unterscheiden Sie wie folgt:

| | |
|---|---|
| *son las seis de la mañana* | es ist sechs Uhr morgens |
| *es la una de la tarde* | es ist ein Uhr mittags |
| *son las cuatro de la tarde* | es ist vier Uhr nachmittags |
| *son las diez de la noche* | es ist zehn Uhr abends |

Ohne Angabe der Uhrzeit heißt „morgens" *por la mañana*, „nachmittags/abends" *por la tarde*, „abends/nachts" *por la noche*.

„Um wie viel Uhr?" heißt auf Spanisch *¿a qué hora?* In der Antwort fügen Sie ebenfalls das Wörtchen *a* hinzu.

| | |
|---|---|
| *¿A qué hora empieza el concierto?* | Um wie viel Uhr beginnt das Konzert? |
| *Empieza a las ocho.* | Es beginnt um acht Uhr. |
| *a mediodía* | um 12 Uhr Mittag |
| *a medianoche* | um Mitternacht |

Ungefähre Zeitangaben bilden Sie wie folgt:

| | |
|---|---|
| *hacia las ocho* | gegen acht Uhr |
| *sobre las diez* | etwa um zehn Uhr |
| *a eso de las once* | etwa um elf Uhr |

**Das Verb *salir* (abfahren, hinaus-/ausgehen) im Präsens**

| | | |
|---|---|---|
| (*yo*) | *salgo* | ich fahre ab |
| (*tú*) | *sales* | du fährst ab |
| (*él/ella/usted*) | *sale* | er/sie fährt ab, Sie fahren ab |
| (*nosotros/-as*) | *salimos* | wir fahren ab |
| (*vosotros/-as*) | *salís* | ihr fahrt ab |
| (*ellos/ellas/ustedes*) | *salen* | sie/Sie fahren ab |

*Salir* ist ein Verb, dessen 1. Person Singular im Präsens unregelmäßig ist. Weitere Verben mit dieser Unregelmäßigkeit sind z.B.:

| | |
|---|---|
| *decir* (sagen) | ***digo**, dices, dice, decimos, decís, dicen* |
| *hacer* (machen, tun) | ***hago**, haces, hace, hacemos, hacéis, hacen* |
| *poner* (setzen, stellen, legen) | ***pongo**, pones, pone, ponemos, ponéis, ponen* |
| *saber* (wissen) | ***sé**, sabes, sabe, sabemos, sabéis, saben* |
| *tener* (haben) | ***tengo**, tienes, tiene, tenemos, tenéis, tienen* |
| *venir* (kommen) | ***vengo**, vienes, viene, venimos, venís, vienen* |

| | | |
|---|---|---|
| **CD 3** | Track 1 | Imagínese |
| | Track 2 | Diálogo 1 |
| | Track 3 | Ejercicios |
| | Track 4 | Diálogo 2 |
| | Track 5 | Ejercicios |
| | Track 6 | Vocabulario |
| | Track 7 | Conversación |

## *Dialoge mit deutscher Übersetzung*

***Diálogo 1***

M = María, P = Paco

| | | |
|---|---|---|
| P | María, ¿qué sueles hacer en tu tiempo libre? | *Maria, was machst du gewöhnlich in deiner Freizeit?* |
| M | Me gusta leer y escuchar música. | *Ich lese gern und höre gern Musik.* |
| P | ¿Qué tipo de música te gusta, la moderna o la clásica? | *Welche Art von Musik gefällt dir, moderne oder klassische?* |
| M | Prefiero la música moderna. La música clásica no me gusta nada. | *Ich mag lieber moderne Musik. Klassische Musik mag ich überhaupt nicht.* |
| P | ¿Y qué libros prefieres? | *Und was für Bücher bevorzugst du?* |
| M | Me gustan muchísimo las novelas policíacas. Y tú, Paco, ¿qué haces en tu tiempo libre? | *Ich mag wahnsinnig gern Krimis. Und du, Paco, was machst du in deiner Freizeit?* |
| P | A mí me gusta mucho jugar al tenis. También me gusta ir al bar con amigos, tomar una copa de vino, unas tapas ... ¿Y cómo pasas tú los fines de semana? | *Ich spiele sehr gern Tennis. Ich gehe auch gern mit Freunden in die Kneipe, trinke gern ein Glas Wein, esse gern Tapas ... Und wie verbringst du die Wochenenden?* |
| M | Ah, los sábados voy a la discoteca. Me encanta bailar. ¿Y tú? | *Oh, samstags gehe ich in die Diskothek. Ich tanze wahnsinnig gern. Und du?* |
| P | En invierno muchas veces voy a la montaña porque me gusta mucho esquiar. | *Im Winter fahre ich oft in die Berge, weil ich sehr gern Ski laufe.* |

***Diálogo 2***

L = Luisa, T = Teresa

| | | |
|---|---|---|
| T | Oye, Luisa. Necesito un vestido de verano para la boda de mi hermana. ¿Vamos a la ciudad juntas para comprarlo? | *Hör mal, Luisa. Ich brauche ein Sommerkleid für die Hochzeit meiner Schwester. Fahren wir zusammen in die Stadt, um es zu kaufen?* |
| L | Buena idea. ¿Cuándo vamos? | *Gute Idee. Wann fahren wir?* |
| T | ¿Qué tal el lunes por la mañana? | *Wie wär's mit Montagvormittag?* |
| L | Lo siento, el lunes no puedo. Es que tengo que ir al dentista. ¿Vamos el martes por la tarde? | *Tut mir Leid, am Montag kann ich nicht. Ich muss nämlich zum Zahnarzt gehen. Wollen wir am Dienstagnachmittag fahren?* |
| T | Pues, el martes por la tarde no puedo yo. Vienen Carmen y Miguel a cenar y tengo que preparar la comida. ¿Qué tal el jueves? | *Also, am Dienstagnachmittag kann ich nicht. Carmen und Miguel kommen zum Abendessen und ich muss das Essen vorbereiten. Wie wär's mit Donnerstag?* |
| L | Sí, el jueves por la tarde me parece bien. | *Ja, Donnerstagnachmittag passt mir.* |
| T | Entonces, hasta el jueves. | *Also dann, bis Donnerstag.* |

## *Erklärungen zu Grammatik und Sprachgebrauch*

**Ausdrücken, was man gern tut**

Das spanische Verb *gustar* hat die Bedeutung „gefallen, gern haben, gern tun". Es wird eigentlich nur in der 3. Person Einzahl (*gusta*) und in der 3. Person Mehrzahl (*gustan*) gebraucht.

In Verbindung mit einem Verb und mit einem Substantiv im Singular sagen Sie *gusta*, mit einem Substantiv im Plural *gustan*. Das Substantiv steht immer mit dem bestimmten Artikel *el, la, los* oder *las*.

| | |
|---|---|
| *Me gusta bailar.* | Ich tanze gern. (wörtlich: Es gefällt mir zu tanzen.) |
| *Me gusta la música.* | Ich mag Musik. (wörtlich: Es gefällt mir die Musik.) |
| *Me gustan las flores.* | Ich mag Blumen. (wörtlich: Es gefallen mir die Blumen.) |

Fragen Sie jemanden nach seinen Vorlieben, sagen Sie:

| | |
|---|---|
| *¿Te gusta leer?* | Liest du gern? |
| *¿Le gustan los gatos?* | Mögen Sie Katzen? |

Um anzugeben, dass Sie etwas z.B. sehr oder überhaupt nicht mögen, sagen Sie:

| | |
|---|---|
| *Me gusta bailar.* | Ich tanze gern. |
| *Me gusta mucho bailar.* | Ich tanze sehr gern. |
| *Me gusta muchísimo bailar.* | Ich tanze wahnsinnig gern. |
| *No me gusta bailar.* | Ich tanze nicht gern. |
| *No me gusta mucho bailar.* | Ich tanze nicht sehr gern. |
| *No me gusta nada bailar.* | Ich tanze überhaupt nicht gern. |

Nachfolgend geben wir Ihnen *gusta* bzw. *gustan* für alle Personen an:

| | | |
|---|---|---|
| (*a mí*) | *me gusta / gustan* | ich mag |
| (*a ti*) | *te gusta / gustan* | du magst |
| (*a él*) | *le gusta / gustan* | er mag |
| (*a ella*) | *le gusta / gustan* | sie mag |
| (*a usted*) | *le gusta / gustan* | Sie mögen |
| (*a nosotros/-as*) | *nos gusta / gustan* | wir mögen |
| (*a vosotros/-as*) | *os gusta / gustan* | ihr mögt |
| (*a ellos*) | *les gusta / gustan* | sie mögen (männlich) |
| (*a ellas*) | *les gusta / gustan* | sie mögen (weiblich) |
| (*a ustedes*) | *les gusta / gustan* | Sie mögen |

*A mí, a ti, a él* usw. benutzen Sie zur Betonung der Person, die etwas mag oder nicht.
*A mí me gusta bailar, y a ti te gusta leer.* Ich tanze gern und du liest gern.
Wenn Sie eine Person mit ihrem Namen nennen, tritt ebenfalls *a* davor: *A María le gusta leer.* (María liest gern).

**Das Verb *ir* (gehen, fahren) im Präsens**

| | | |
|---|---|---|
| *(yo)* | *voy* | ich gehe |
| *(tú)* | *vas* | du gehst |
| *(él/ella/usted)* | *va* | er/sie geht, Sie gehen |
| *(nosotros/-as)* | *vamos* | wir gehen |
| *(vosotros/-as)* | *vais* | ihr geht |
| *(ellos/ellas/ustedes)* | *van* | sie/Sie gehen |

Mit *ir + a* geben Sie die Richtung an, wobei *a + el* zu ***al*** zusammengezogen wird:

| | |
|---|---|
| *Voy a España.* | Ich fahre nach Spanien. |
| *Voy al bar.* | Ich gehe in die Kneipe. |
| *Voy a la discoteca.* | Ich gehe in die Diskothek. |

Mit *ir + en* geben Sie das Verkehrsmittel an:
*ir en coche* (mit dem Auto fahren), *ir en bicicleta* (mit dem Fahrrad fahren), *ir en tren* (mit dem Zug fahren), *ir en avión* (fliegen).
**Aber:** *ir a pie* (zu Fuß gehen).

**Das Verb *poder* (können) im Präsens**
Das Verb *poder* gehört zu einer Gruppe von Verben, bei denen im Präsens folgende Veränderung auftritt:

| | | |
|---|---|---|
| Stammbetonte Formen (Betonung liegt auf dem Verbstamm) | 1., 2., 3. Person Singular<br>3. Person Plural | das *o* des Verbstammes wird zu *ue* |
| Endungsbetonte Formen (Betonung liegt auf der Endung) | 1., 2. Person Plural | Keine Veränderung, das *o* des Stammes bleibt erhalten |

Verben dieser Gruppe (*o* > *ue*) gibt es für die Infinitivendung *-ar* (z.B. *contar* = zählen/erzählen), *-er* (z.B. *poder* = können/dürfen) und -ir (z.B. *dormir* = schlafen). Nachfolgend sämtliche Präsens-Formen.

| | ***-ar*** | ***-er*** | ***-ir*** |
|---|---|---|---|
| (*yo*) | *cuento* | *puedo* | *duermo* |
| (*tú*) | *cuentas* | *puedes* | *duermes* |
| (*él/ella/usted*) | *cuenta* | *puede* | *duerme* |
| (*nosotros/-as*) | *contamos* | *podemos* | *dormimos* |
| (*vosotros/-as*) | *contáis* | *podéis* | *dormís* |
| (*ellos/ellas/ustedes*) | *cuentan* | *pueden* | *duermen* |

Weitere Verben dieser Gruppe sind z.B. *acordarse* (sich erinnern), *acostarse* (zu Bett gehen), *encontrar* (finden, treffen), *volver* (zurückkommen), *llover* (regnen) und *morir* (sterben).
Bei *jugar* (spielen) wird das *-u-* zu *-ue-*. Außerdem wird das, was man spielt, mit *a* + Artikel angeschlossen:

*Juego al fútbol.* Ich spiele Fußball.
*Juegan a las cartas.* Sie spielen Karten.

**Die Wochentage**

| | |
|---|---|
| *lunes* | Montag |
| *martes* | Dienstag |
| *miércoles* | Mittwoch |
| *jueves* | Donnerstag |
| *viernes* | Freitag |
| *sábado* | Samstag |
| *domingo* | Sonntag |
| *el lunes* | am Montag |
| *el sábado* | am Samstag |
| *los lunes* | montags |
| *los sábados* | samstags |

**Die Jahreszeiten**

| | |
|---|---|
| *la primavera* | der Frühling |
| *el verano* | der Sommer |
| *el otoño* | der Herbst |
| *el invierno* | der Winter |
| *en verano* | im Sommer |

| | | |
|---|---|---|
| **CD 3** | Track 8 | Imagínese |
| | Track 9 | Diálogo 1 |
| | Track 10 | Ejercicios |
| | Track 11 | Diálogo 2 |
| | Track 12 | Ejercicios |
| | Track 13 | Vocabulario |
| | Track 14 | Conversación |

## *Dialoge mit deutscher Übersetzung*

***Diálogo 1***
D = Dependienta, S = Señora

| | | |
|---|---|---|
| D | Buenos días, señora. ¿Qué desea usted? | *Guten Morgen, Señora. Was wünschen Sie?* |
| S | ¿Tienen fresas? | *Haben Sie Erdbeeren?* |
| D | Sí, y son muy buenas. ¿Cuánto le pongo? | *Ja, und sie sind sehr gut. Wie viel möchten Sie?* |
| S | Déme un kilo, por favor. Y además quisiera un paquete de galletas y una botella de agua mineral. | *Geben Sie mir bitte ein Kilo. Und außerdem hätte ich gern eine Schachtel Kekse und eine Flasche Mineralwasser.* |
| D | ¿Con o sin gas? | *Mit oder ohne Kohlensäure?* |
| S | Sin gas, por favor. ¿Y tienen aceitunas negras? | *Ohne Kohlensäure, bitte. Und haben Sie schwarze Oliven?* |
| D | Sí, ¿cuántas latas desea? | *Ja, wie viele Dosen möchten Sie?* |
| S | Una, por favor. Además necesito una tarjeta telefónica. | *Eine, bitte. Außerdem brauche ich eine Telefonkarte.* |
| D | Lo siento, señora, no tenemos tarjetas telefónicas. Pero las puede comprar en un estanco. ¿Necesita algo más? | *Tut mir Leid, Señora, wir haben keine Telefonkarten. Aber Sie können sie in einem Tabakwarenladen kaufen. Brauchen Sie noch etwas?* |
| S | No, gracias, nada más. ¿Cuánto es todo? | *Nein, danke, nichts mehr. Was macht das alles?* |
| D | Son ocho euros con cincuenta céntimos en total. | *Das macht insgesamt 8,50 Euro.* |

***Diálogo 2***
D = Dependienta, C = Carmen

| | | |
|---|---|---|
| D | Hola, Carmen. ¿Qué tal? | *Hallo, Carmen. Wie geht's?* |
| C | Gracias, muy bien. Tengo visita en casa y por eso tengo que comprar hoy mucha fruta y verdura. | *Danke, sehr gut. Ich habe zu Hause Besuch und deshalb muss ich heute viel Obst und Gemüse kaufen.* |
| D | ¿Qué necesitas? | *Was brauchst du?* |
| C | Medio kilo de zanahorias, tres pimientos, un pepino y tomates. | *Ein halbes Kilo Karotten, drei Paprika, eine Gurke und Tomaten.* |
| D | Estos tomates de aquí son muy buenos. ¿Cuánto querías? | *Diese Tomaten hier sind sehr gut. Wie viel möchtest du?* |
| C | Dame medio kilo, por favor. Y adémas necesito cerezas para el postre. | *Gib mir bitte ein halbes Kilo. Und außerdem brauche ich Kirschen für das Dessert.* |
| D | ¿Cuánto querías? | *Wie viel möchtest du?* |
| C | Un kilo, por favor. Y los champiñones, ¿son buenos? | *Ein Kilo, bitte. Und sind die Champignons gut?* |
| D | Sí, son muy frescos. ¿Cuánto te pongo? | *Ja, sie sind sehr frisch. Wie viel möchtest du?* |

| | | |
|---|---|---|
| C | Dame cuatrocientos gramos, por favor. | *Gib mir bitte 400 Gramm.* |
| D | ¿También quieres perejil? | *Brauchst du auch Petersilie?* |
| C | Ah, sí. | *Ach, ja.* |
| D | ¿Cuánto perejil querías? | *Wie viel Petersilie möchtest du?* |
| C | Solo necesito un poco. | *Ich brauche nur ein wenig.* |
| D | ¿Algo más? | *Noch etwas?* |
| C | No, nada más. ¿Cuánto es todo? | *Nein, nichts mehr. Was macht das alles?* |
| D | Son trece euros con cincuenta en total. | *Das macht insgesamt 13,50 Euro.* |

## *Erklärungen zu Grammatik und Sprachgebrauch*

**Mengenangaben**

Zwischen der Mengenangabe oder Verpackungseinheit und der Ware steht im Spanischen immer ***de***.
Einige Beispiele:

| | |
|---|---|
| *gramo* (Gramm) | *cien gramos de jamón* (100 g Schinken) |
| *kilo* (Kilo) | *dos kilos de naranjas* (2 kg Orangen) |
| | *medio kilo de manzanas* (1/2 kg Äpfel) |
| | *un kilo y medio de melocotones* (1-1/2 kg Pfirsiche) |
| *litro* (Liter) | *un litro de leche* (1 l Milch) |
| | *medio litro de aceite* (1/2 l Öl) |
| *botella* (Flasche) | *una botella de vinto tinto* (1 Flasche Rotwein) |
| *paquete* (Päckchen) | *un paquete de café* (ein Päckchen Kaffee) |
| *lata* (Dose) | *una lata de aceitunas* (eine Dose Oliven) |
| *barra* (Stange) | *una barra de pan* (eine Stange Brot, ein Baguette) |

**Das Fragewort *¿cuánto?***

*¿Cuánto?* richtet sich in Geschlecht und Zahl nach dem Bezugswort.

*¿Cuánto vino necesitas?* Wie viel Wein brauchst du?
*¿Cuánta leche querías?* Wie viel Milch möchtest du?
*¿Cuántos tomates necesita?* Wie viele Tomaten brauchen Sie?
*¿Cuántas naranjas quería?* Wie viele Orangen möchten Sie?

Nach dem Preis einer Ware fragen Sie mit *¿Cuánto cuesta ...?* (Wie viel kostet ...?) oder *¿Cuánto cuestan ...?* (Wie viel kosten ...?).

*¿Cuánto cuesta el vino tinto?* Wie viel kostet der Rotwein?
*¿Cuánto cuestan las naranjas?* Wie viel kosten die Orangen?

Um die Summe zu erfahren, fragen Sie: *¿Cuánto es?* (Was macht das?) oder *¿Cuánto es todo?* (Was macht das alles zusammen?)

**Die Zahlen ab 100**

Sie lauten auf Spanisch:

| | | | |
|---|---|---|---|
| 100 | cien | 600 | seiscientos, seiscientas |
| 101 | ciento uno | 700 | setecientos, setecientas |
| 102 | ciento dos | 800 | ochocientos, ochocientas |
| 110 | ciento diez | 900 | novecientos, novecientas |
| 150 | ciento cincuenta | 1000 | mil |
| 199 | ciento noventa y nueve | 1001 | mil uno |
| 200 | doscientos, doscientas | 2000 | dos mil |
| 300 | trescientos, trescientas | 3000 | tres mil |
| 400 | cuatrocientos, cuatrocientas | 1.000.000 | un millón |
| 500 | quinientos, quinientas | 2.000.000 | dos millones |

Die Zahl 100 heißt auf Spanisch *cien*, bei Zahlen über 100 verwendet man *ciento.*

Ab 200 gibt es eine maskuline und eine feminine Form, die sich nach dem folgenden Substantiv richtet.

| | |
|---|---|
| *doscient**os** plátan**os*** | 200 Bananen |
| *doscient**as** manzan**as*** | 200 Äpfel |

Als Zahl hat *mil* keinen Plural. Aber man sagt *miles de personas* (Tausende von Personen).

*Millón* wird in den Plural gesetzt. Ein folgendes Substantiv wird mit *de* angeschlossen.

*Esta ciudad tiene más de 12 millones de habitantes.* (Diese Stadt hat mehr als 12 Millionen Einwohner.)

**Die direkten Objektpronomen** (Akkusativ, auf die Frage „wen?")
Um ein bereits genanntes direktes Objekt (= ein Gegenstand, nach dem man mit „wen?" oder „was?" fragt) nicht noch einmal zu wiederholen, setzt man an seine Stelle das entsprechende direkte Objektpronomen.

*Compro el queso.* → *Lo compro.*
Ich kaufe den Käse. → Ich kaufe ihn.
*Compro la carne.* → *La compro.*
Ich kaufe das Fleisch. → Ich kaufe es.
*Compro los tomates.* → *Los compro.*
Ich kaufe die Tomaten. → Ich kaufe sie.
*Compro las aceitunas.* → *Las compro.*
Ich kaufe die Oliven. → Ich kaufe sie.

| | | |
|---|---|---|
| **CD 3** | Track 15 | Imagínese |
| | Track 16 | Diálogo 1 |
| | Track 17 | Ejercicios |
| **CD 4** | Track 1 | Diálogo 2 |
| | Track 2 | Ejercicios |
| | Track 3 | Vocabulario |
| | Track 4 | Conversación |

## *Dialoge mit deutscher Übersetzung*

### *Diálogo 1*

D = Dependienta, M = María

| | | |
|---|---|---|
| D | Buenos días, señorita. ¿Qué desea? | *Guten Morgen, Señorita. Was wünschen Sie?* |
| M | Quisiera un jersey. | *Ich hätte gern einen Pullover.* |
| D | Tenemos unos muy bonitos. Los hay en color blanco, negro, rojo, azul, amarillo, verde, gris. ¿Qué color prefiere? | *Wir haben einige sehr hübsche. Es gibt sie in weiß, schwarz, rot, blau, gelb, grün, grau. Welche Farbe bevorzugen Sie?* |
| M | Me gusta ese rojo. ¿Es de algodón o de lana? | *Mir gefällt der rote da. Ist er aus Baumwolle oder aus Wolle?* |
| D | De algodón. | *Aus Baumwolle.* |
| M | ¿Puedo probármelo? | *Kann ich ihn anprobieren?* |
| D | Sí, claro. | *Ja, selbstverständlich.* |
| M | Y además quería una blusa blanca. | *Und außerdem möchte ich gern eine weiße Bluse.* |
| D | Lo siento, blusas blancas no tenemos. ¿Qué le parece esta rosa? | *Tut mir Leid, weiße Blusen haben wir nicht. Wie gefällt Ihnen diese rosafarbene?* |
| M | Gracias, pero el color rosa no me gusta. Bueno, entonces sólo me llevo el jersey. ¿Cuánto cuesta? | *Danke, aber die Farbe Rosa mag ich nicht. Gut, ich nehme nur den Pullover. Wie viel kostet er?* |
| D | 65 euros. Gracias. Adiós, señorita. | *65 Euro. Danke. Auf Wiedersehen, Señorita.* |
| M | Adiós. | *Auf Wiedersehen.* |

### *Diálogo 2*

Sr = Señor, Sra. = Señora

| | | |
|---|---|---|
| Sr | Perdone, ¿sabe usted si hay una farmacia por aquí cerca? | *Entschuldigen Sie, wissen Sie, ob es hier in der Nähe eine Apotheke gibt?* |
| Sra | ¿Una farmacia? Sí, hay una muy cerca. Tome la primera calle a la derecha y vaya hasta el semáforo. En la esquina de enfrente está la farmacia. | *Eine Apotheke? Ja, es gibt eine ganz in der Nähe. Nehmen Sie die erste Straße rechts und gehen Sie bis zur Ampel. An der Ecke gegenüber ist die Apotheke.* |
| Sr | Muchas gracias. | *Vielen Dank.* |
| Sra | De nada. | *Gern geschehen.* |

| | | |
|---|---|---|
| Sra | Perdone, ¿podría decirme cómo llegar al Corte Inglés? | *Entschuldigen Sie, könnten Sie mir sagen, wie ich zum Corte Inglés komme?* |
| Sr | Sí, es muy fácil. Siga esta calle hasta el Museo Arqueológico. El Corte Inglés está unos 200 metros después del mueso. | *Ja, das ist sehr einfach. Folgen Sie dieser Straße bis zum Archäologischen Museum. Der Corte Inglés ist ungefähr 200 Meter nach dem Museum.* |

| | | |
|---|---|---|
| Sra | Muchas gracias. | *Vielen Dank.* |
| Sr | No hay de qué. | *Keine Ursache.* |
| Sra | Por favor, ¿para ir al aeropuerto? | *Wie komme ich bitte zum Flughafen?* |
| Sr | Para ir al aeropuerto tiene que tomar el autobús número 22. La parada más cercana está en el Paseo del Parque. No tiene que hacer transbordo. | *Um zum Flughafen zu kommen, müssen Sie den Bus Nr. 22 nehmen. Die nächste Haltestelle ist am Paseo del Parque. Sie brauchen nicht umzusteigen.* |
| Sra | Muchas gracias. | *Vielen Dank.* |
| Sr | De nada. | *Gern geschehen.* |

## *Erklärungen zu Grammatik und Sprachgebrauch*

**Die Adjektive**

Geschlecht und Zahl eines Adjektivs richten sich nach dem Substantiv, auf das es sich bezieht. Die meisten spanischen Adjektive enden in der maskulinen Form auf *-o, -e* oder Konsonant.
Adjektive auf *-o* bilden die feminine Form auf *-a*.
Adjektive auf *-e* oder Konsonant sind in der maskulinen und femininen Form gleich.
Der Plural wird wie bei den Substantiven durch Anhängen von *-s* bzw. *-es* gebildet.

| | |
|---|---|
| *un jersey rojo* (ein roter Pullover) | *jerséis rojos* (rote Pullover) |
| *una blusa roja* (eine rote Bluse) | *blusas rojas* (rote Blusen) |
| *un jersey verde* (ein grüner Pullover) | *jerséis verdes* (grüne Pullover) |
| *una blusa verde* (eine grüne Bluse) | *blusas verdes* (grüne Blusen) |
| *un jersey azul* (ein blauer Pullover) | *jerséis azules* (blaue Pullover) |
| *una blusa azul* (eine blaue Bluse) | *blusas azules* (blaue Blusen) |

(Siehe auch Nationalitätsbezeichnungen in der Grammatik zu *Situación 1*.)

| | | |
|---|---|---|
| **CD 4** | Track 5 | Imagínese |
| | Track 6 | Diálogo 1 |
| | Track 7 | Ejercicios |
| | Track 8 | Diálogo 2 |
| | Track 9 | Ejercicios |
| | Track 10 | Vocabulario |
| | Track 11 | Conversación |

## *Dialoge mit deutscher Übersetzung*

### *Diálogo 1*

M = María, P = Paco

| | | |
|---|---|---|
| M | Paco, ¿qué vas a hacer en las vacaciones de verano? | *Paco, was wirst du in den Sommerferien machen?* |
| P | Voy a Perú. Voy a pasar las vacaciones con mi familia, con mis padres, mis hermanos y mis abuelos. Y tú, María, ¿qué vas a hacer? | *Ich fahre nach Peru. Ich werde die Ferien mit meiner Familie verbringen, mit meinen Eltern, meinen Geschwistern und meinen Großeltern. Und du, María, was wirst du machen?* |
| M | Yo voy a quedarme aquí. Quiero visitar museos, ir al teatro o a conciertos. En agosto voy a visitar a unos amigos en San Sebastián. Vamos a jugar al tenis y a salir por la noche. Además voy a descansar un poco. | *Ich werde hier bleiben. Ich möchte in Museen, ins Theater oder in Konzerte gehen. Im August werde ich einige Freunde in San Sebastián besuchen. Wir werden Tennis spielen und abends ausgehen. Außerdem werde ich mich ein wenig ausruhen.* |
| P | Yo también voy a pasar unos días tranquilos en casa de mi abuela junto al mar. | *Ich werde auch ein paar ruhige Tage bei meinen Großeltern am Meer verbringen.* |
| M | ¿Cuándo vas a volver? | *Wann wirst du zurückkommen?* |
| P | A finales de septiembre. | *Ende September.* |
| M | Entonces, que tengas unas buenas vacaciones. | *Also, schöne Ferien.* |
| P | Igualmente. ¡Que lo pases bien! | *Gleichfalls. Mach's gut!* |

### *Diálogo 2*

C = Carmen, M = Miguel

| | | |
|---|---|---|
| M | ¿Qué planes tienes para las vacaciones del próximo año? | *Was für Pläne hast du für den Urlaub im nächsten Jahr?* |
| C | Ah, tengo muchos. En febrero voy a ir a Francia con algunos amigos. Vamos a esquiar. ¿Tú sabes esquiar? | *Oh, ich habe viele. Im Februar werde ich mit einigen Freunden nach Frankreich fahren. Wir werden Ski laufen. Kannst du Ski laufen?* |
| M | No, y además no me gusta. Prefiero la playa. Voy a ir a Cuba del 5 al 15 de enero. | *Nein, und außerdem gefällt es mir nicht. Ich mag lieber den Strand. Ich werde vom 5. bis 15. Januar nach Kuba fahren.* |
| C | A mí también me gustan el sol y la playa. En agosto voy a pasar dos semanas en Tarifa. | *Sonne und Strand mag ich auch. Im August werde ich zwei Wochen in Tarifa verbringen.* |
| M | Yo voy a Tarifa en octubre para hacer surf. | *Ich werde im Oktober nach Tarifa fahren, um zu surfen.* |
| C | ¿Ah sí? – Pues, en diciembre tengo otra semana de vacaciones. | *Ach ja? – Also, im Dezember habe ich noch eine Woche Urlaub.* |

| | | |
|---|---|---|
| M | Yo también. ¿Podríamos hacer algo juntos? | *Ich auch. Wir könnten etwas gemeinsam unternehmen?* |
| C | ¡Buena idea! ¿Qué podríamos hacer? | *Gute Idee! Was könnten wir machen?* |
| M | ¿Qué te parece un viaje a Viena? | *Was hältst du von einer Reise nach Wien?* |
| C | Sí, vale. Entonces vamos a Viena. Pero tengo que volver antes del doce de diciembre. Es el cumpleaños de mi abuela. Va a cumplir 80 años. | *Ja, okay. Fahren wir also nach Wien. Aber ich muss vor dem 12. Dezember zurückkommen. Meine Großmutter hat Geburtstag. Sie wird 80 Jahre alt.* |

## *Erklärungen zu Grammatik und Sprachgebrauch*

**Die Zukunft mit *ir + a***

Mit ***ir + a*** + Verb im Infinitiv drücken Sie im Spanischen Handlungen und Ereignisse in der Zukunft aus.

| | | |
|---|---|---|
| *(yo)* | *voy a comprar* | ich werde kaufen |
| *(tú)* | *vas a comprar* | du wirst kaufen |
| *(él/ella/usted)* | *va a comprar* | er/sie wird kaufen, Sie werden kaufen |
| *(nosotros/-as)* | *vamos a comprar* | wir werden kaufen |
| *(vosotros/-as)* | *vais a comprar* | ihr werdet kaufen |
| *(ellos/ellas/ustedes)* | *van a comprar* | sie/Sie werden kaufen |

**Die Possessiva**

Geschlecht und Zahl der Possessiva oder besitzanzeigenden Fürwörter richten sich nach dem Bezugswort, also dem folgenden Substantiv. Sie lauten bei einem Besitztum:

| | | | |
|---|---|---|---|
| *mi coche* | mein Auto | *mi casa* | mein Haus |
| *tu coche* | dein Auto | *tu casa* | dein Haus |
| *su coche* | sein/ihr/Ihr Auto | *su casa* | sein/ihr/Ihr Haus |
| *nuestro coche* | unser Auto | *nuestra casa* | unser Haus |
| *vuestro coche* | euer Auto | *vuestra casa* | euer Haus |
| *su coche* | ihr/Ihr Auto | *su casa* | ihr/Ihr Haus |

bei mehreren Besitztümern:

| | | | |
|---|---|---|---|
| *mis coches* | meine Autos | *mis casas* | meine Häuser |
| *tus coches* | deine Autos | *tus casas* | deine Häuser |
| *sus coches* | seine/ihre/Ihre Autos | *sus casas* | seine/ihre/Ihre Häuser |
| *nuestros coches* | unsere Autos | *nuestras casas* | unsere Häuser |
| *vuestros coches* | eure Autos | *vuestras casas* | eure Häuser |
| *sus coches* | ihre/Ihre Autos | *sus casas* | ihre/Ihre Häuser |

Die Frage nach dem Besitzer lautet *¿De quién es este bolso? – Es de María. Es su bolso.* (Wem gehört diese Tasche? – Sie gehört María. Es ist ihre Tasche.)

**Die Monatsnamen**

| | |
|---|---|
| *enero* | Januar |
| *febrero* | Februar |
| *marzo* | März |
| *abril* | April |
| *mayo* | Mai |
| *junio* | Juni |
| *julio* | Juli |
| *agosto* | August |
| *septiembre* | September |
| *octubre* | Oktober |
| *noviembre* | November |
| *diciembre* | Dezember |

**Das Datum**

Um im Spanischen das Datum anzugeben, benötigen Sie die Grundzahlen. Nur für den ersten Tag des Monats verwenden Sie die Grund- oder die Ordnungszahl. Monat und Jahr schließen Sie mit *de* an.

| | |
|---|---|
| *el uno de mayo* oder *el primero de mayo* | der/am 1. Mai |
| *el cinco de julio* | der/am 5. Juli |
| *el diez de febrero de dos mil cinco* | der/am 2. Februar 2005 |

| | | |
|---|---|---|
| **CD 4** | Track 12 | Imagínese |
| | Track 13 | Diálogo 1 |
| | Track 14 | Ejercicios |
| | Track 15 | Diálogo 2 |
| | Track 16 | Ejercicio |
| | Track 17 | Vocabulario |
| | Track 18 | Conversación |

## *Dialoge mit deutscher Übersetzung*

***Diálogo 1***

E = Encuestadora, P = Paco

| | | |
|---|---|---|
| E | Buenas tardes. ¿Puedo hacerle unas preguntas sobre su trabajo y su tiempo libre? | *Guten Tag. Darf ich Ihnen ein paar Fragen über Ihre Arbeit und Ihre Freizeit stellen?* |
| P | Sí, sí, claro. | *Ja, ja, klar.* |
| E | ¿Dónde trabaja usted? | *Wo arbeiten Sie?* |
| P | Trabajo en un taller de reparaciones. Soy mecánico. | *Ich arbeite in einer Reparaturwerkstatt. Ich bin Mechaniker.* |
| E | ¿A qué hora empieza a trabajar? | *Um wie viel Uhr fangen Sie an zu arbeiten?* |
| P | Normalmente a las siete y media, pero hoy no he trabajado. He tenido el día libre. | *Normalerweise um halb acht, aber heute habe ich nicht gearbeitet. Ich habe den Tag frei gehabt.* |
| E | ¿Cuántas horas trabaja al día? | *Wie viele Stunden arbeiten Sie pro Tag?* |
| P | Trabajo desde las siete y media de la mañana hasta las cinco de la tarde, con una hora de descanso. | *Ich arbeite von morgens halb acht bis nachmittags fünf Uhr, mit einer Stunde Pause.* |
| E | ¿Qué suele hacer los sábados? | *Was machen Sie gewöhnlich samstags?* |
| P | Por lo general voy a la discoteca, pero este fin de semana he ido a una fiesta en casa de un amigo. | *Im Allgemeinen gehe ich in die Diskothek, aber an diesem Wochenende bin ich zu einer Party bei einem Freund gegangen.* |
| E | Muchas gracias. | *Vielen Dank.* |
| P | De nada. | *Gern geschehen.* |

***Diálogo 2***

M = María, P = Paco

| | | |
|---|---|---|
| M | Hola, Paco. ¿Qué tal tus vacaciones? | *Hallo, Paco. Wie waren deine Ferien?* |
| P | Lo pasé muy bien. Primero fui en avión de Madrid a Lima. Pasé unos días allí en casa de mis padres. Luego mi hermana y yo fuimos a ver a mis abuelos que viven junto al mar. Fuimos a la playa, jugamos al tenis, por la noche salimos. Y tú, María, ¿cómo pasaste las vacaciones? | *Ich hatte eine sehr schöne Zeit. Zuerst bin ich von Madrid nach Lima geflogen. Ich habe ein paar Tage bei meinen Eltern verbracht. Dann haben meine Schwester und ich meine Großeltern besucht, die am Meer wohnen. Wir sind an den Strand gegangen, haben Tennis gespielt, sind abends ausgegangen. Und du, Maria, wie hast du die Ferien verbracht?* |
| M | Me quedé aquí. Visité algunos museos, hice algunas compras, leí mucho y por la noche salí con amigos. | *Ich bin hier geblieben. Ich bin in Museen gegangen, habe einige Einkäufe gemacht, habe viel gelesen und abends bin ich mit Freunden ausgegangen.* |

| | | |
|---|---|---|
| P | ¿Y estuviste en San Sebastián en casa de tus amigos? | *Und warst du in San Sebastián bei deinen Freunden?* |
| M | Sí, fui un fin de semana. Lo pasamos muy bien. Jugué mucho al tenis y fuimos al campo todos juntos. | *Ja, ich bin ein Wochenende hingefahren. Wir hatten eine sehr schöne Zeit. Ich habe viel Tennis gespielt und wir sind alle zusammen aufs Land gefahren.* |

## *Erklärungen zu Grammatik und Sprachgebrauch*

**Das Perfekt (*pretérito perfecto compuesto*)**
Das Perfekt wird mit einer Form des Hilfsverbs *haber* (haben, sein) und dem Partizip des Hauptverbs gebildet. Das Partizip ist unveränderlich. Sie bilden es wie folgt:
Bei Verben auf *-ar* tritt an die Stelle der Infinitivendung *-ado*,
bei Verben auf *-er* und *-ir* tritt an die Stelle der Infinitivendung *-ido:*

*tom**ar*** → *tom**ado***
*com**er*** → *com**ido***
*sal**ir*** → *sal**ido***

Einige Verben haben ein unregelmäßiges Partizip Perfekt:

| | | | |
|---|---|---|---|
| *abrir* | → | *abierto* | (öffnen) |
| *cubrir* | → | *cubierto* | (decken, bedecken) |
| *decir* | → | *dicho* | (sagen) |
| *escribir* | → | *escrito* | (schreiben) |
| *hacer* | → | *hecho* | (tun, machen) |
| *morir* | → | *muerto* | (sterben) |
| *poner* | → | *puesto* | (setzen, stellen, legen) |
| *romper* | → | *roto* | (brechen, zerbrechen) |
| *ver* | → | *visto* | (sehen) |
| *volver* | → | *vuelto* | (zurückkehren) |

Die Perfekt-Formen von *comer* (essen) lauten:

| | | |
|---|---|---|
| *(yo)* | *he comido* | ich habe gegessen |
| *(tú)* | *has comido* | du hast gegessen |
| *(él/ella/usted)* | *ha comido* | er/sie hat gegessen, Sie haben gegessen |
| *(nosotros/-as)* | *hemos comido* | wir haben gegessen |
| *(vosotros/-as)* | *habéis comido* | ihr habt gegessen |
| *(ellos/ellas/ustedes)* | *han comido* | sie/Sie haben gegessen |

Verneinung und Pronomen werden vorangestellt.
*No han trabajado.* Sie haben nicht gearbeitet.
*Hoy me he levantado a las siete.* Heute bin ich um sieben Uhr aufgestanden.

Das Perfekt wird im Spanischen in Verbindung mit Zeitangaben wie *hoy* (heute), *esta mañana* (heute Morgen), *esta tarde / noche* (heute Nachmittag / Abend / Nacht), *esta semana* (in dieser Woche), *este mes* (in diesem Monat), *este año* (in diesem Jahr), *este verano* (in diesem Sommer), *alguna vez* (einmal), *muchas veces* (oft) oder *todavía no* (noch nicht) oder, wenn der Zeitpunkt selbst für das Ereignis unwichtig ist, ohne Zeitangabe verwendet.
*¿Has estado alguna vez en Tenerife?* Bist du schon einmal auf Teneriffa gewesen?
*No hemos ido nunca a Portugal.* Wir sind nie nach Portugal gefahren.

**Der Indefinido (*pretérito perfecto simple*)**
Der Indefinido ist eine weitere Form der Vergangenheit.
Die regelmäßigen Formen für Verben auf *-ar* (z.B. *comprar* = kaufen), *-er* (z.B. *comer* = essen) und *-ir* (z.B. *escribir* = schreiben) lauten:

| | | | |
|---|---|---|---|
| *(yo)* | *compr**é*** | *com**í*** | *escrib**í*** |
| *(tú)* | *compr**aste*** | *com**iste*** | *escrib**iste*** |
| *(él/ella/usted)* | *compr**ó*** | *com**ió*** | *escrib**ió*** |
| *(nosotros/-as)* | *compr**amos*** | *com**imos*** | *escrib**imos*** |
| *(vosotros/-as)* | *compr**asteis*** | *com**isteis*** | *escrib**isteis*** |
| *(ellos/ellas/ustedes)* | *compr**aron*** | *com**ieron*** | *escrib**ieron*** |

Die Indefinido-Formen von *ir* (gehen, fahren) und *ser* (sein) sind gleich. Welches Verb gemeint ist, ergibt sich aus dem Zusammenhang.
Das Verb *estar* (sein, liegen, sich befinden) ist im Indefinido unregelmäßig:

| | | |
|---|---|---|
| *(yo)* | *fui* | *estuve* |
| *(tú)* | *fuiste* | *estuviste* |
| *(él/ella/usted)* | *fue* | *estuvo* |
| *(nosotros/-as)* | *fuimos* | *estuvimos* |
| *(vosotros/-as)* | *fuisteis* | *estuvisteis* |
| *(ellos/ellas/ustedes)* | *fueron* | *estuvieron* |

*Ayer fui a la ciudad.* Gestern bin ich in die Stadt gefahren.
*La fiesta fue muy aburrida.* Die Party war sehr langweilig.
*En 2001 estuvimos en Barcelona.* 2001 waren wir in Barcelona.

Der Indefinido wird für Ereignisse verwendet, die in der Vergangenheit stattgefunden haben und bereits abgeschlossen sind. Häufige Zeitangaben sind *ayer* (gestern), *anoche* (gestern Abend), *la semana pasada* (in der letzten Woche), *el año pasado* (letztes Jahr), *en las vacaciones pasadas* (in den letzten Ferien) usw.
Sätze im Indefinido können im Deutschen mit dem Perfekt oder Imperfekt übersetzt werden.
*Anoche bailé mucho.* Gestern Abend tanzte ich viel / habe ich viel getanzt.

(Auf weitere Verben mit unregelmäßigem Indefinido wird an dieser Stelle nicht eingegangen.)

# Alphabetischer Wortschatz Spanisch–Deutsch

Das Geschlecht der Substantive (Hauptwörter) ist mit *(m.)* für maskulin (männlich) und *(f.)* für feminin (weiblich) angegeben, *(Sg.)* bedeutet Singular (Einzahl), *(Pl.)* Plural (Mehrzahl). Der Stammwechsel bei Verben ist mit (ie) oder (ue) angegeben. Ein Verb, das in einigen Formen unregelmäßig gebildet wird, ist mit *(unregelm.)* gekennzeichnet. Die feminine Endung der Adjektive (Eigenschaftswörter) ist in Klammern angegeben. Wo diese Angabe fehlt, ist die feminine Endung mit der maskulinen identisch.

## A

| | |
|---|---|
| **a** | nach, zu |
| **a finales de septiembre** | Ende September |
| **a la derecha** | rechts, nach rechts |
| **a la izquierda** | links, nach links |
| **a la plancha** | gegrillt, vom Grill |
| **al final de** | am Ende von |
| **a nombre de …** | auf den Namen (von) … |
| **a primeros de enero** | Anfang Januar |
| **¿a qué hora …?** | um wie viel Uhr …? |
| **al día** | am Tag; täglich |
| **al lado de** | neben |
| **abierto** | geöffnet |
| **abrigo** *(m.)* | Mantel |
| **abrir** | öffnen, aufmachen |
| **abril** *(m.)* | April |
| **abuela** *(f.)* | Großmutter |
| **abuelo** *(m.)* | Großvater |
| **abuelos** *(m. Pl.)* | Großeltern; Großväter |
| **aceite** *(m.)* | Öl |
| **aceite de girasol** | Sonnenblumenöl |
| **aceite de oliva** | Olivenöl |
| **aceituna** *(f.)* | Olive |
| **acostarse** *(ue)* | zu Bett gehen |
| **acuerdo** *(m.)* | Vereinbarung |
| **de acuerdo** | einverstanden, in Ordnung |
| **además** | außerdem |
| **adiós** | auf Wiedersehen |
| **aeropuerto** *(m.)* | Flughafen |
| **agencia de viajes** *(f.)* | Reisebüro |
| **agenda** *(f.)* | Terminkalender |
| **agosto** *(m.)* | August |
| **agua** *(f.)* | Wasser |
| **agua con gas** | Mineralwasser mit Kohlensäure |
| **agua sin gas** | Mineralwasser ohne Kohlensäure |
| **aire** *(m.)* | Luft |
| **alemán(a)** | deutsch; Deutsche(r) |
| **Alemania** | Deutschland |
| **algo** | etwas |
| **¿algo más?** | noch etwas? |
| **algodón** *(m.)* | Baumwolle |
| **de algodón** | aus Baumwolle |
| **alguno(a)** | irgendein(e) |
| **alto(a)** | hoch |
| **alumna** *(f.)* | Schülerin |
| **alumno** *(m.)* | Schüler |
| **allí** | dort |
| **ama** *(f.)* **de casa** | Hausfrau |
| **amarillo(a)** | gelb |
| **amiga** *(f.)* | Freundin |
| **amigo** *(m.)* | Freund |
| **ancho(a)** | breit |
| **andaluz(a)** | andalusisch; Andalusier(in) |
| **anoche** | gestern Abend |
| **anteayer** | vorgestern |
| **antes** | vor *(zeitlich)* |
| **antes de las ocho** | vor acht Uhr |
| **año** *(m.)* | Jahr |
| **aquel(la)** | jene(r)(s) |
| **aquí** | hier |
| **por aquí** | hier in der Nähe |
| **arqueológico(a)** | archäologisch |
| **arroz** *(m.)* | Reis |
| **asado(a)** | gebraten |
| **ascensor** *(m.)* | Aufzug |
| **austríaco(a)** | österreichisch; Österreicher(in) |
| **azúcar** *(m.)* | Zucker |
| **azul** | blau |

## B

| | |
|---|---|
| **bailar** | tanzen |
| **baño** *(m.)* | Bad |
| **bar** *(m.)* | Bar, Kneipe |
| **barato(a)** | billig |
| **barra** *(f.)* | Stange *(Weißbrot)* |
| **beber** | trinken |

| | |
|---|---|
| **bicicleta** *(f.)* | Fahrrad |
| **bien** | gut |
| **billete** *(m.)* | Fahr-, Eintrittskarte; Geldschein |
| **blanco(a)** | weiß |
| **blusa** *(f.)* | Bluse |
| **bocadillo** *(m.)* | belegtes Brötchen |
| **bocadillo de jamón** | Schinkenbrötchen |
| **bocadillo de queso** | Käsebrötchen |
| **bolígrafo** *(m.)* | Kugelschreiber |
| **bonito(a)** | schön, hübsch |
| **bota** *(f.)* | Stiefel |
| **botella** *(f.)* | Flasche |
| **bueno(a)** | gut |
| **buenas noches** | gute Nacht, guten Abend |
| **buenas tardes** | guten Tag, guten Abend |
| **buenos días** | guten Morgen, guten Tag |

## C

| | |
|---|---|
| **café** *(m.)* | Kaffee |
| **café con leche** | Milchkaffee |
| **café cortado** | Kaffee mit wenig Milch |
| **café solo** | schwarzer Kaffee, Espresso |
| **calamares** *(m. Pl.)* | Tintenfische |
| **calle** *(f.)* | Straße |
| **cama** *(f.)* | Bett |
| **cama de matrimonio** | Ehebett |
| **camas separadas** | getrennte Betten |
| **camarera** *(f.)* | Kellnerin |
| **camarero** *(m.)* | Kellner |
| **camisa** *(f.)* | Oberhemd |
| **camiseta** *(f.)* | T-Shirt |
| **campo** *(m.)* | Land (*im Gegensatz zur Stadt*) |
| **canción** *(f.)* | Lied |
| **carne** *(f.)* | Fleisch |
| **carnicería** *(f.)* | Metzgerei |
| **caro(a)** | teuer |
| **carta** *(f.)* | Speisekarte; Brief |
| **casado(a)** | verheiratet |
| **casi** | fast |
| **castaño(a)** | braun (*Haarfarbe*) |
| **catorce** | vierzehn |
| **causa** *(f.)* | Ursache, Grund |
| **cebolla** *(f.)* | Zwiebel |
| **celebrar** | feiern |
| **cena** *(f.)* | Abendessen |
| **cenar** | zu Abend essen |
| **cerca de** | nahe bei, in der Nähe |
| **cereales** *(m. Pl.)* | Müsli |
| **cereza** *(f.)* | Kirsche |
| **cerilla** *(f.)* | Streichholz |
| **cerrar (ie)** | schließen, zumachen |
| **cerveza** *(f.)* | Bier |
| **cesto** *(m.)* | Korb |
| **cien** | hundert |
| **cientos de** | Hunderte von |
| **cigarrillo** *(m.)* | Zigarette |
| **cinco** | fünf |
| **cincuenta** | fünfzig |
| **cine** *(m.)* | Kino |
| **cinturón** *(m.)* | Gürtel |
| **ciudad** *(f.)* | Stadt |
| **claro(a)** | klar, hell |
| **claro** | klar, natürlich |
| **clase** *(f.)* | Klasse; Unterricht |
| **coca-cola** *(f.)* | Coca-Cola |
| **coche** *(m.)* | Auto |
| **cocina** *(f.)* | Küche |
| **colombiano(a)** | kolumbianisch; Kolumbianer(in) |
| **color** *(m.)* | Farbe |
| **comer** | essen |
| **¿cómo?** | wie? |
| **¿cómo está usted?** | wie geht es Ihnen? |
| **¿cómo estás?** | wie geht es dir? |
| **compra** *(f.)* | Einkauf |
| **ir de compras** | einkaufen (gehen) |
| **comprar** | (ein)kaufen |
| **con** | mit |
| **concierto** *(m.)* | Konzert |
| **consulado** *(m.)* | Konsulat |
| **copa** *(f.)* | Glas |
| **copa de vino** | Glas Wein |
| **corbata** *(f.)* | Krawatte |
| **corto(a)** | kurz |
| **crema** *(f.)* | Sahne |
| **crema solar** | Sonnencreme |
| **cruzar** | überqueren; kreuzen |
| **cuando** | als; wann |
| **¿cuánto(a)?** | wie viel? |
| **¿cuánto cuesta ...?** | wie viel kostet ...? |
| **¿cuánto es todo?** | was macht das alles (zusammen)? |
| **cuarenta** | vierzig |
| **cuatro** | vier |
| **cuchara** *(f.)* | Löffel |
| **cuenta** *(f.)* | Rechnung |
| **cuero** *(m.)* | (glattes) Leder |

| | |
|---|---|
| **cuidado** *(m.)* | Vorsicht!, Achtung! |
| **cumpleaños** *(m. Sg.)* | Geburtstag |
| **cuñada** *(f.)* | Schwägerin |
| **cuñado** *(m.)* | Schwager |
| **cuñados** *(m. Pl.)* | Schwager und Schwägerin; Schwager *(Pl.)* |

# CH

| | |
|---|---|
| **chaqueta** *(f.)* | Jacke, Sakko |
| **champán** *(m.)* | Champagner |
| **chocolate** *(m.)* | Schokolade; Kakao *(Getränk)* |
| **chorizo** *(m.)* | Paprikasalami |
| **chuleta** *(f.)* | Kotelett |

# D

| | |
|---|---|
| **dar** | geben |
| **da al patio** | es geht zum Innenhof |
| **dame** | gib mir |
| **dar un paseo** | einen Spaziergang machen |
| **déme** | geben Sie mir |
| **de** | aus, von |
| **de … a …** | von … nach … |
| **de nada** | gern geschehen, keine Ursache |
| **debajo de** | unter |
| **decir** *(unregelm.)* | sagen |
| **díga / dígame** | ja bitte? |
| **es decir** | das heißt |
| **delante de** | vor |
| **dependienta** *(f.)* | Verkäuferin |
| **dependiente** *(m.)* | Verkäufer |
| **deporte** *(m.)* | Sport |
| **derecho(a)** | rechts |
| **desayunar** | frühstücken |
| **desayuno** *(m.)* | Frühstück |
| **descansar** | sich ausruhen, sich erholen |
| **descanso** *(m.)* | Pause |
| **desde** | seit; von |
| **desde … hasta …** | von … bis … |
| **desear** | wünschen |
| **despertarse (ie)** | aufwachen |
| **después de** | nach *(zeitlich)* |
| **después del teatro** | nach dem Theater |
| **detrás de** | hinter |
| **día** *(m.)* | Tag |
| **al día** | am Tag, pro Tag |
| **buenos días** | guten Morgen, guten Tag |
| **diciembre** *(m.)* | Dezember |
| **diez** | zehn |
| **dinero** *(m.)* | Geld |
| **directamente** | direkt |
| **disco** *(m.)* | Schallplatte |
| **discoteca** *(f.)* | Diskothek |
| **divorciado(a)** | geschieden |
| **doce** | zwölf |
| **docena** *(f.)* | Dutzend |
| **domingo** *(m.)* | Sonntag |
| **¿dónde?** | wo? |
| **¿a dónde?** | wohin? |
| **¿de dónde?** | woher? |
| **dos** | zwei |
| **ducha** *(f.)* | Dusche |
| **duchar(se)** | (sich) duschen |
| **dulce** | süß |

# E

| | |
|---|---|
| **e** (*vor* **i** *und* **hi**) | und |
| **edificio** *(m.)* | Gebäude |
| **él** | er |
| **ella** | sie *(Sg.)* |
| **ellos(as)** | sie *(Pl.)* |
| **empezar (ie)** | anfangen, beginnen |
| **empezar a trabajar** | anfangen zu arbeiten |
| **empresa** *(f.)* | Firma, Unternehmen |
| **empresa de electrónica** | Elektronikfirma |
| **en** | in, an, auf |
| **en casa de un amigo** | bei einem Freund |
| **en invierno** | im Winter |
| **en las vacaciones** | in den Ferien, im Urlaub |
| **en seguida** | sofort |
| **en total** | insgesamt |
| **encantar** | entzücken |
| **encima de** | über |
| **encontrar(se) (ue)** | (sich) treffen |
| **encuestador(a)** *(m./f.)* | Interviewer(in) |
| **enero** *(m.)* | Januar |
| **enfermo(a)** | krank |
| **enfrente de** | gegenüber |
| **ensalada** *(f.)* | (angemachter) Salat |
| **ensalada mixta** | gemischter Salat |
| **entender (ie)** | verstehen |
| **entonces** | also, dann |
| **entre** | zwischen |
| **es decir** | das heißt |

| | |
|---|---|
| **escalera** *(f.)* | Treppe |
| **escribir** | schreiben |
| **escuchar** | anhören, zuhören |
| **escuchar la radio** | Radio hören |
| **ese(a)** | diese(r)(s) da |
| **España** *(f.)* | Spanien |
| **español(a)** | spanisch; Spanier(in) |
| **esposa** *(f.)* | Ehefrau, Gattin |
| **esposo** *(m.)* | Ehemann, Gatte |
| **esquiar** | Ski laufen |
| **esquina** *(f.)* | (Straßen-)Ecke |
| **estación** *(f.)* | Bahnhof |
| **estanco** *(m.)* | Tabakladen |
| **estar** *(unregelm.)* | sein, sich befinden |
| **estoy bien** | mir geht es gut |
| **estoy casado(a)** | ich bin verheiratet |
| **este(a)** | diese(r)(s) |
| **exposición** *(f.)* | Ausstellung |

## F

| | |
|---|---|
| **fácil** | leicht, einfach |
| **falda** *(f.)* | Rock |
| **familia** *(f.)* | Familie |
| **famoso(a)** | berühmt |
| **farmacia** *(f.)* | Apotheke |
| **febrero** *(m.)* | Februar |
| **fiesta** *(f.)* | Feier, Party |
| **fin** *(m.)* | Ende |
| **fin de semana** | Wochenende |
| **final** *(m.)* | Ende, Schluss |
| **a finales de septiembre** | Ende September |
| **al final de** | am Ende von |
| **flan** *(m.)* | Karamellpudding |
| **flor** *(f.)* | Blume |
| **francés(a)** | französisch; Franzose (Französin) |
| **fresa** *(f.)* | Erdbeere |
| **fuente** *(f.)* | (Spring-)Brunnen |

## G

| | |
|---|---|
| **gafas** *(f. Pl.)* | Brille |
| **gafas de sol** | Sonnenbrille |
| **galleta** *(f.)* | Keks |
| **gamba** *(f.)* | Garnele |
| **gato** *(m.)* | Katze |
| **gazpacho** *(m.)* | Gazpacho (spanische Gemüsekaltschale) |
| **general** | allgemein |
| **gente** *(f. Sg..)* | Leute |
| **girasol** *(m.)* | Sonnenblume |
| **gordo(a)** | dick |
| **gracias** | danke |
| **gramo** *(m.)* | Gramm |
| **griego(a)** | griechisch; Grieche(in) |
| **gris** | grau |
| **guante** *(m.)* | Handschuh |
| **guapo(a)** | hübsch |
| **guía** *(m.)* | Reiseführer |
| **gustar** | gefallen, gern tun |
| **me gusta** | ich mag, mir gefällt |

## H

| | |
|---|---|
| **habitación** *(f.)* | Zimmer |
| **habitación doble** | Doppelzimmer |
| **habitación individual** | Einzelzimmer |
| **habitación sencilla** | Einzelzimmer |
| **hablar** | sprechen |
| **hacer** *(unregelm.)* | machen, tun |
| **hacer compras** | Einkäufe machen |
| **hacer preguntas** | Fragen stellen |
| **hacia** | gegen |
| **hambre** *(f.)* | Hunger |
| **harina** *(f.)* | Mehl |
| **hasta** | bis |
| **hasta la vista** | auf Wiedersehen |
| **hasta luego** | auf Wiedersehen, bis dann |
| **hay** | es gibt |
| **helado** *(m.)* | (Speise-)Eis |
| **hermana** *(f.)* | Schwester |
| **hermano** *(m.)* | Bruder |
| **hermanos** *(m. Pl.)* | Brüder; Geschwister |
| **hija** *(f.)* | Tochter |
| **hijo** *(m.)* | Sohn |
| **hijos** *(m. Pl.)* | Kinder; Söhne |
| **hola** | hallo |
| **hombre** *(m.)* | Mensch; Mann |
| **hora** *(f.)* | Stunde |
| **¿qué hora es?** | wie spät / wie viel Uhr ist es? |
| **hotel** *(m.)* | Hotel |
| **hoy** | heute |
| **huevo** *(m.)* | Ei |

## I

| | |
|---|---|
| **ida** *(f.)* | Hinfahrt, Hinflug |
| **iglesia** *(f.)* | Kirche |

| | |
|---|---|
| **informático** *(m.)* | Informatiker |
| **inglés(a)** | englisch; Engländer(in) |
| **interesante** | interessant |
| **invierno** *(m.)* | Winter |
| **ir** *(unregelm.)* | gehen, fahren |
| **ir al cine** | ins Kino gehen |
| **ir en tren** | mit dem Zug fahren |
| **italiano(a)** | italienisch; Italiener(in) |
| **izquierdo(a)** | links |

## J

| | |
|---|---|
| **jamón** *(m.)* | Schinken |
| **jardín** *(m.)* | Garten |
| **jefe** *(m.)* | Chef |
| **jerez** *(m.)* | Sherry |
| **jersey** *(m.)* | Pullover |
| **joven** | jung |
| **jubilado(a)** | pensioniert |
| **jueves** *(m.)* | Donnerstag |
| **jugar (ue)** | spielen |
| **jugar al tenis** | Tennis spielen |
| **julio** *(m.)* | Juli |
| **junio** *(m.)* | Juni |
| **junto a** | neben, bei, in der Nähe |
| **junto al mar** | am Meer |

## K

| | |
|---|---|
| **kilo** *(m.)* | Kilo |

## L

| | |
|---|---|
| **lado** *(m.)* | Seite |
| **al lado de** | neben |
| **lago** *(m.)* | See |
| **lana** *(f.)* | Wolle |
| **largo(a)** | lang |
| **lata** *(f.)* | Dose, Büchse |
| **lavar** | waschen |
| **lavarse** | sich waschen |
| **leche** *(f.)* | Milch |
| **lechuga** *(f.)* | Kopfsalat |
| **leer** | lesen |
| **lejos de** | entfernt von |
| **lenguado** *(m.)* | Seezunge |
| **levantarse** | aufstehen |
| **libre** | frei |
| **librería** *(f.)* | Buchhandlung |
| **libro** *(m.)* | Buch |
| **limón** *(m.)* | Zitrone |
| **limonada** *(f.)* | Limo |
| **limpiar** | putzen, sauber machen |
| **litro** *(m.)* | Liter |
| **luego** | dann, darauf |
| **lunes** *(m.)* | Montag |

## LL

| | |
|---|---|
| **llamar** | (an)rufen |
| **llamarse** | heißen |
| **llegar** | ankommen |
| **llegar a Madrid** | in Madrid ankommen |
| **llevar** | tragen |
| **llevarse** | mitnehmen |
| **llorar** | weinen |

## M

| | |
|---|---|
| **madera** *(f.)* | Holz |
| **madre** *(f.)* | Mutter |
| **maleta** *(f.)* | Koffer |
| **mañana** *(f.)* | Morgen, Vormittag |
| **mañana** | morgen |
| **mantequilla** *(f.)* | Butter |
| **mar** *(m.)* | Meer |
| **marido** *(m.)* | Ehemann |
| **marrón** | braun |
| **martes** *(m.)* | Dienstag |
| **marzo** *(m.)* | März |
| **más** | mehr |
| **más tarde** | später |
| **mayo** *(m.)* | Mai |
| **me** | mich, mir |
| **mecánico** *(m.)* | (Auto-)Mechaniker |
| **médico** *(m.)* | Arzt |
| **melón** *(m.)* | Melone |
| **merluza** *(f.)* | Seehecht |
| **mermelada** *(f.)* | Marmelade |
| **mesa** *(f.)* | Tisch |
| **mi** | mein(e) |
| **mí** | mich, mir *(betont)* |
| **miel** *(f.)* | Honig |
| **miércoles** *(m.)* | Mittwoch |
| **mil** | tausend |
| **mirar** | sehen, schauen |
| **mire** | sehen Sie |
| **montaña** *(f.)* | Berge, Gebirge |
| **moreno(a)** | braun *(Hautfarbe)* |
| **morir (ue)** | sterben |
| **muchacho** *(m.)* | Junge |

| | |
|---|---|
| **mucho(a)** | viel; sehr |
| **muchas gracias** | vielen Dank |
| **muchas veces** | oft, häufig |
| **muerto** | gestorben, tot |
| **mujer** *(f.)* | Frau, Ehefrau |
| **museo** *(m.)* | Museum |
| **música** *(f.)* | Musik |
| **música clásica** | klassische Musik |
| **música moderna** | moderne Musik |
| **muy** | sehr |
| **muy bien** | sehr gut |
| **muy cerca** | sehr nah |
| **muy tarde** | sehr spät |

# N

| | |
|---|---|
| **nada** | nichts |
| **nada más** | nichts mehr, das wär's |
| **naranja** *(f.)* | Orange |
| **naranjada** *(f.)* | Orangenlimo |
| **necesitar** | brauchen, benötigen |
| **negro(a)** | schwarz |
| **nieta** *(f.)* | Enkelin |
| **nieto** *(m.)* | Enkel |
| **nietos** *(m. Pl.)* | Enkelkinder; Enkel *(Pl.)* |
| **niña** *(f.)* | kleines Mädchen |
| **niño** *(m.)* | kleiner Junge |
| **no** | nein; nicht |
| **no lo sé** | ich weiß es nicht |
| **noche** *(f.)* | Nacht |
| **nombre** *(m.)* | Name |
| **normal** | normal |
| **normalmente** | normalerweise |
| **nos** | uns |
| **nosotros(as)** | wir |
| **novela** *(f.)* | Roman |
| **novela policíaca** | Krimi |
| **noventa** | neunzig |
| **noviembre** *(m.)* | November |
| **novio** *(m.)* | (fester) Freund |
| **novia** *(f.)* | (feste) Freundin |
| **nuera** *(f.)* | Schwiegertochter |
| **nueve** | neun |
| **número** *(m.)* | Nummer; Größe (*Schuhe*) |

# O

| | |
|---|---|
| **o** | oder |
| **ochenta** | achtzig |
| **ocho** | acht |
| **octubre** *(m.)* | Oktober |
| **oficina de correos** *(f.)* | Postamt |
| **oír** *(unregelm.)* | hören |
| **oiga / óigame** | hören Sie bitte |
| **ojo** *(m.)* | Auge |
| **once** | elf |
| **organizar** | organisieren |
| **os** | euch |
| **otoño** *(m.)* | Herbst |
| **otro(a)** | ein(e) andere(r)(s) |

# P

| | |
|---|---|
| **padre** *(m.)* | Vater |
| **padres** *(m. Pl.)* | Eltern; Väter |
| **paella** *(f.)* | Paella |
| **pagar** | zahlen |
| **país** *(m.)* | Land |
| **pan** *(m.)* | Brot |
| **panadería** *(f.)* | Bäckerei |
| **pañal** *(m.)* | Windel |
| **panecillo** *(m.)* | Brötchen |
| **pantalón** *(m.)* | Hose |
| **pañuelo** *(m.)* | Taschentuch |
| **pañuelo de cuello** | Halstuch |
| **papel** *(m.)* | Papier |
| **papel higiénico** | Toilettenpapier |
| **papelería** *(f.)* | Schreibwarenladen |
| **paquete** *(m.)* | Päckchen, Schachtel |
| **para** | für; um … zu |
| **¿para cuántas noches?** | für wie viele Nächte? |
| **para mí** | für mich |
| **parada** *(f.)* | Haltestelle |
| **paraguas** *(m. Sg.)* | Regenschirm |
| **parecer** | (er)scheinen |
| **pasar** | verbringen |
| **paseo** *(m.)* | Spaziergang |
| **dar un paseo** | einen Spaziergang machen |
| **pastel** *(m.)* | Kuchen, Gebäck |
| **patata** *(f.)* | Kartoffel |
| **patatas fritas** | Pommes frites |
| **patio** *(m.)* | Innenhof |
| **película** *(f.)* | Film |
| **pepino** *(m.)* | Gurke |
| **pequeño(a)** | klein |
| **pera** *(f.)* | Birne |
| **perdón** *(m.)* | Entschuldigung |
| **perdone** | entschuldigen Sie |
| **periódico** *(m.)* | Zeitung |
| **periodista** *(m./f.)* | Journalist(in) |

| | |
|---|---|
| **pero** | aber |
| **perro** *(m.)* | Hund |
| **persona** *(f.)* | Person |
| **peruano(a)** | peruanisch; Peruaner(in) |
| **pescadería** *(f.)* | Fischladen |
| **pescado** *(m.)* | Fisch |
| **piel** *(f.)* | Haut; (weiches) Leder |
| **pimienta** *(f.)* | Pfeffer |
| **pimiento** *(m.)* | Paprika |
| **piso** *(m.)* | Wohnung; Stockwerk |
| **planchar** | bügeln |
| **planta** *(f.)* | Stockwerk |
| **plátano** *(m.)* | Banane |
| **pobre** | arm |
| **poco(a)** | wenig, etwas |
| **poder (ue)** *(unregelm.)* | können |
| **¿podría usted decirme ...?** | könnten Sie mir sagen ...? |
| **pollo** *(m.)* | Hühnchen, Hähnchen |
| **poner** *(unregelm.)* | setzen, stellen, legen |
| **poner la mesa** | den Tisch decken |
| **por** | für, wegen |
| **por aquí** | hier in der Nähe |
| **por favor** | bitte |
| **por la mañana** | am Vormittag, morgens |
| **por la noche** | abends, nachts |
| **por la tarde** | am Nachmittag, am Abend |
| **por lo general** | im Allgemeinen |
| **porque** | weil |
| **portugués(a)** | portugiesisch; Portugiese(in) |
| **postal** *(f.)* | Postkarte |
| **postre** *(m.)* | Nachspeise |
| **preferir (ie)** | bevorzugen |
| **pregunta** *(f.)* | Frage |
| **prima** *(f.)* | Cousine |
| **primavera** *(f.)* | Frühling |
| **primero** | erster; zuerst |
| **primo** *(m.)* | Cousin |
| **primos** *(m. Pl.)* | Cousin und Cousine; Cousins |
| **principio** *(m.)* | Anfang |
| **probador** *(m.)* | Umkleidekabine |
| **probar (ue)** | probieren |
| **probarse (ue)** | anprobieren |
| **próximo(a)** | nächster |
| **pueblo** *(m.)* | Dorf; Volk |
| **pues** | nun, also |
| **puro** *(m.)* | Zigarre |

## Q

| | |
|---|---|
| **que** | dass; welcher; der, die, das (*relativ*) |
| **¿qué?** | was?, welcher? |
| **¿qué hora es?** | wie viel Uhr / wie spät ist es? |
| **¿qué le parece?** | was halten Sie davon?, wie gefällt es Ihnen? |
| **¿qué tal?** | wie geht's? |
| **¡qué!** | was für ein(e)! |
| **¡qué va!** | ach wo!, Unsinn! |
| **quedar** | (übrig) bleiben |
| **quedarse** | bleiben |
| **querer (ie)** *(unregelm.)* | wollen, gern haben; lieben |
| **quería** | ich hätte gern |
| **quisiera** | ich hätte gern |
| **queso** *(m.)* | Käse |
| **quince** | fünfzehn |

## R

| | |
|---|---|
| **radio** *(f.)* | Radio |
| **recepcionista** *(f./m.)* | Empfangsdame / -herr |
| **refresco** *(m.)* | Erfrischung(sgetränk) |
| **regalar** | schenken |
| **regalo** *(m.)* | Geschenk |
| **reina** *(f.)* | Königin |
| **reloj** *(m.)* | Uhr |
| **reparar** | reparieren |
| **reservado(a)** | reserviert |
| **reservar** | reservieren |
| **restaurante** *(m.)* | Restaurant |
| **revista** *(f.)* | Zeitschrift |
| **rojo(a)** | rot |
| **romper** | (zer)brechen |
| **ropa** *(f.)* | Wäsche |
| **rosa** *(f.)* | Rose; rosa |
| **roto(a)** | zerbrochen, kaputt |
| **ruido** *(m.)* | Lärm |

## S

| | |
|---|---|
| **sábado** *(m.)* | Samtag |
| **saber** *(unregelm.)* | wissen |
| **sal** *(f.)* | Salz |
| **salir** *(unregelm.)* | abfahren; (hin)ausgehen |
| **se** | sich; man |
| **secretaria** *(f.)* | Sekretärin |
| **seda** *(f.)* | Seide |

| | |
|---|---|
| **seis** | sechs |
| **sello** *(m.)* | Briefmarke |
| **semáforo** *(m.)* | Ampel |
| **semana** *(f.)* | Woche |
| **sentir (ie)** | fühlen; bedauern |
| **lo siento** | (es) tut mir Leid |
| **señor** *(m.)* | Herr |
| **señora** *(f.)* | Frau |
| **señorita** *(f.)* | Fräulein |
| **separado(a)** | getrennt |
| **septiembre** *(m.)* | September |
| **ser** *(unregelm.)* | sein |
| **soy de Sevilla** | ich bin aus Sevilla |
| **sesenta** | sechzig |
| **setenta** | siebzig |
| **si** | ob; wenn |
| **sí** | ja |
| **siete** | sieben |
| **silla** *(f.)* | Stuhl |
| **sillón** *(m.)* | Sessel |
| **sin** | ohne |
| **sobre** | auf, über |
| **sobrina** *(f.)* | Nichte |
| **sobrino** *(m.)* | Neffe |
| **sobrinos** *(m. Pl.)* | Nichte und Neffe; Neffen |
| **sol** *(m.)* | Sonne |
| **solamente** | nur |
| **soler (ue)** | gewöhnlich tun |
| **solo(a)** | allein |
| **solo** | nur |
| **soltero(a)** | ledig |
| **sombrero** *(m.)* | Hut |
| **soñar (ue)** | träumen |
| **su** | sein(e), ihr(e), Ihr(e) |
| **suegra** *(f.)* | Schwiegermutter |
| **suegro** *(m.)* | Schwiegervater |
| **suegros** *(m. Pl.)* | Schwiegereltern; -väter |
| **suelo** *(m.)* | Fußboden |
| **suizo(a)** | schweizerisch; Schweizer(in) |
| **supermercado** *(m.)* | Supermarkt |

## T

| | |
|---|---|
| **tabaco** *(m.)* | Tabak |
| **talla** *(f.)* | Größe *(Kleidung)* |
| **taller** *(m.)* | Werkstatt |
| **taller de reparaciones** | Reparaturwerkstatt |
| **también** | auch |
| **tampoco** | auch nicht |
| **tapas** *(f. Pl.)* | Tapas (Appetithappen) |
| **tarde** *(f.)* | Nachmittag, Abend |
| **tarde** | spät |
| **tarjeta telefónica** *(f.)* | Telefonkarte |
| **taxi** *(m.)* | Taxi |
| **taxista** *(m./f.)* | Taxifahrer(in) |
| **taza** *(f.)* | Tasse |
| **te** | dich, dir |
| **té** *(m.)* | Tee |
| **té con limón** | Tee mit Zitrone |
| **teatro** *(m.)* | Theater |
| **tela** *(f.)* | Leinen; Stoff |
| **televisión** *(f.)* | Fernsehen |
| **tenedor** *(m.)* | Gabel |
| **tener** *(unregelm.)* | haben |
| **tía** *(f.)* | Tante |
| **tiempo** *(m.)* | Zeit; Wetter |
| **tiempo libre** | Freizeit |
| **tienda** *(f.)* | Geschäft; Zelt |
| **tierra** *(f.)* | Erde |
| **tío** *(m.)* | Onkel |
| **tíos** *(m. Pl.)* | Onkel und Tante; Onkel *(Pl.)* |
| **tipo** *(m.)* | Art, Sorte |
| **toalla** *(f.)* | Handtuch |
| **todavía** | noch |
| **todo** | alles |
| **todo recto** | geradeaus |
| **todos juntos** | alle zusammen |
| **tomar** | nehmen |
| **tomar café** | Kaffee trinken |
| **tomar un bocadillo** | ein belegtes Brötchen essen |
| **tomate** *(m.)* | Tomate |
| **tortilla** *(f.)* | Tortilla (Kartoffelomelett) |
| **total** | ganz, völlig, total |
| **en total** | insgesamt |
| **trabajar** | arbeiten |
| **trabajo** *(m.)* | Arbeit |
| **traer** *(unregelm.)* | bringen |
| **traje** *(m.)* | Anzug |
| **tranquilo(a)** | ruhig |
| **trece** | dreizehn |
| **treinta** | dreißig |
| **tren** *(m.)* | Zug |
| **tres** | drei |
| **tu** | dein(e) |
| **tú** | du |
| **turista** *(m./f.)* | Tourist(in) |

## U

| | |
|---|---|
| **último(a)** | letzte(r)(s) |
| **un(a)** | ein(e) |
| **uno** | eins |
| **usted** | Sie *(Sg.)* |
| **ustedes** | Sie *(Pl.)* |
| **uva** *(f.)* | Weintraube |

## V

| | |
|---|---|
| **vacaciones** *(f. Pl.)* | Ferien, Urlaub |
| **vacaciones de verano** | Sommerferien |
| **vale** | einverstanden, in Ordnung |
| **vaqueros** *(m. Pl.)* | Jeans |
| **vaso** *(m.)* | Glas |
| **veinte** | zwanzig |
| **venir** *(unregelm.)* | kommen |
| **ventana** *(f.)* | Fenster |
| **ver** *(unregelm.)* | sehen |
| **ver la televisión** | fernsehen |
| **verano** *(m.)* | Sommer |
| **verde** | grün |
| **verdura** *(f.)* | Gemüse |
| **vestido** *(m.)* | Kleid |
| **vez** *(f.)* | Mal |
| **alguna vez** | einmal |
| **algunas veces** | manchmal |
| **una vez** | einmal |
| **muchas veces** | oft |
| **viaje** *(m.)* | Reise |
| **viento** *(m.)* | Wind |
| **viernes** *(m.)* | Freitag |
| **vinagre** *(m.)* | Essig |
| **vino** *(m.)* | Wein |
| **vino blanco** | Weißwein |
| **vino rosado** | Roséwein |
| **vino tinto** | Rotwein |
| **visitar** | besichtigen, besuchen |
| **volver (ue)** | zurückkehren |
| **vosotros(as)** | ihr |
| **vuelta** *(f.)* | Rückfahrt, Rückflug |

## Y

| | |
|---|---|
| **y** | und |
| **ya** | schon |
| **yerno** *(m.)* | Schwiegersohn |
| **yo** | ich |
| **yogur** *(m.)* | Jogurt |
| **yogur de fresa** | Erdbeerjogurt |

## Z

| | |
|---|---|
| **zapatería** *(f.)* | Schuhgeschäft |
| **zapato** *(m.)* | Schuh |
| **zumo** *(m.)* | Saft |
| **zumo de naranja** | Orangensaft |

# Grammatische Fachausdrücke

| Lateinisch | Deutsch | Beispiel |
|---|---|---|
| Adjektiv | Eigenschaftswort | bueno, azul |
| Artikel | Geschlechtswort | el/la/los/las, un/una/unos/unas |
| feminin | weiblich | la mujer, la casa |
| Infinitiv | Grundform (des Verbs) | tomar, comer, preferir |
| Konsonant | Mitlaut | b, c, d, f, g, l usw. |
| maskulin | männlich | el padre, el café |
| Objekt | Satzergänzung | Como *paella*. |
| Partizip | Mittelwort der Vergangenheit | tomado, comido, preferido |
| Perfekt | vollendete Vergangenheit | he tomado, he comido, he preferido |
| Plural | Mehrzahl | los hijos, las hijas |
| Possessiva | besitzanzeigende Fürwörter | *mi* hermano, *su* hermana |
| Präposition | Verhältniswort | *en* Alemania, *con* mi familia |
| Präsens | Gegenwart | tomo, como, prefiero |
| Pronomen | Fürwort | *yo* no fumo, ¿y *tú*?, *lo* veo |
| reflexiv | rückbezüglich | llamarse, me llamo |
| Singular | Einzahl | el hijo, la hija |
| Subjekt | Satzgegenstand | *El camarero* trae la carta. |
| Substantiv | Hauptwort | amigo, comida, amor |
| Verb | Zeitwort | ser, haber, ir |
| Vokal | Selbstlaut | a, e, i, o, u |

# Die wichtigsten Ausspracheregeln des Spanischen

C

- **c** vor **a**, **o** und **u** sowie vor **Konsonanten** wird wie **k** gesprochen:
  *casa, comer, cuando, clase, crema, octubre*
- **c** vor **e** und **i** wird in Zentral- und Nordspanien wie das stimmlose englische **th** [θ] gesprochen; in Südspanien, auf den Kanarischen Inseln und in Hispanoamerika dagegen wie das stimmlose **s** in „das“:
  *cena, gracias*

CH

- **ch** wird wie **tsch** gesprochen:
  *mucho, derecha*

G

- **g** vor **a**, **o** und **u** sowie vor **Konsonanten** wird wie **g** gesprochen:
  *gato, gordo, gustar, iglesia, gris*
- **g** vor **e** und **i** wird wie **ch** in „Da**ch**“ gesprochen:
  *gente, girasol*
- **gu** vor **e** und **i** wird wie **ge** bzw. **gi** gesprochen:
  *Miguel, seguida*
- **gü** vor **e** und **i** wird wie **gue** bzw. **gui** gesprochen:
  *vergüenza* (Schande), *pingüino* (Pinguin)

H

- **h** ist immer stumm:
  *hambre, zanahoria*

J

- **j** wird wie **ch** in „Da**ch**“ gesprochen:
  *naranja, jersey, ajo, jueves*

LL

- **ll** wird wie eine enge Verbindung von **l** und **j** gesprochen:
  *billete, galleta*

Ñ

- **ñ** wird wie eine enge Verbindung von **n** und **j** gesprochen:
  *baño, señor*

Q

- **qu** vor **e** und **i** wird wie **ke** bzw. **ki** gesprochen:
  *querer, quinientos*

R

- das spanische **r** wird „gerollt“: *fresa, comer*
  am Wortanfang, nach **l**, **n** und **s** sowie als Doppelkonsonant **rr** wird es stark gerollt (zwei oder mehrere Zungenschläge): *rojo, alrededores* (Umgebung), *Enrique, Israel, guitarra*

**s**

- **s** wird immer stimmlos wie **ss** in „Wasser" gesprochen:
  *casa, saber*

**v**

- **v** wird am Wortanfang wie **b**, im Wortinnern weicher als **w** in „Wasser" gesprochen:
  *vino, lavar*

**z**

- **z** wird in Zentral- und Nordspanien wie das stimmlose englische **th** [θ] gesprochen; in Südspanien, auf den Kanarischen Inseln und in Hispanoamerika dagegen wie das stimmlose **s** in „das":
  *empezar, azul*

**Betonung**

- Wörter, die auf einen Vokal (oder Diphthong, z.B. **-ia**, **-ie**), **-n** oder **-s** enden, werden auf der vorletzten Silbe betont: *c**a**sa, farm**a**cia, t**o**man, restaur**a**ntes*
- Wörter, die auf einen Konsonanten (außer **-n** und **-s**) enden, werden auf der letzten Silbe betont: *com**e**r, ciud**a**d*
- Wörter, die entgegen dieser Regeln betont werden, erhalten auf dem betonten Vokal einen Akzent: *sem**á**foro, adem**á**s, situaci**ó**n*